AF332522

LES MERVEILLEUX VOYAGES

DE

MARCO POLO

DANS L'ASIE DU XIIIe SIÈCLE

publiés par Maurice TURPAUD

« Editions Spes »

17, rue Soufflot, Paris (5e)

1929

LES MERVEILLEUX VOYAGES
DE MARCO POLO
DANS L'ASIE DU XIIIe SIÈCLE

DANS LA MÊME COLLECTION

PREMIÈRE SÉRIE

*Élégants albums cartonnés, format in-4°, illustré en couleurs :
12 francs ; franco : 13 fr. 20.*

LES PARABOLES ÉVANGÉLIQUES, texte de l'abbé Félix Klein.
Illustrations de M. Lavergne.

HISTOIRE DE JOSEPH ET DE SES ONZE FRÈRES, par l'abbé Félix
Klein. Illustrations de M. Lavergne.

CONTES CHOISIS DE PERRAULT. Illustrations de J.-J. Roussau.

LE ROMAN DE RENART, par H.-J. Verron. Illustrations de J.-J.
Roussau.

DUGUESCLIN, par Maurice Turpaud. Illustrations de P. Noury.

LA SAINTE VIERGE DANS L'ÉVANGILE, texte de l'abbé Félix Klein.
Illustrations d'après les maîtres.

DE SAINTE BLANDINE AUX PAGES DU ROI D'OUGANDA, histoires
de jeunes Martyrs, par l'abbé Félix Klein. Illustrations de
M. Lavergne.

CONTES D'ANDERSEN, traduits du danois par Jacques de Cous-
sange. Illustrations de Rosaria.

ALPHABET DES SAINTS, texte de l'abbé Félix Klein. Illustrations de M. Lavergne. Cet album 10 fr. ; franco : 11 fr.

DEUXIÈME SÉRIE

Volumes in-8° illustrés, de 200 à 250 pages : 10 fr. ; franco : 11 fr.

SAINT FRANÇOIS D'ASSISE ET LES FIORETTI, d'après Ozanam
(Notice du P. Lacordaire).

SEPT COMÉDIES DU MOYEN AGE, publiées avec une préface
par l'abbé Félix Klein.

LA RUDE NUIT DE KERVIZEL, roman scout, par Pierre Delsuc,
scoutmestre. Couronné par l'Académie Française.

AU DIABLE VERT, roman canadien, par Armand Yon.

MON RAID AU « PARADIS ROUGE », par Jean Drault.

LA CROIX DE L'ALPE, roman de vacances, par Pierre Vix.

LA BOTTE D'ASPERGES, histoires plaisantes et jeux d'esprit,
par Charles Cloix.

JEUX ET DIVERTISSEMENTS EN PLEIN AIR ET CHEZ SOI, par
Seygie (Ce volume : 12 francs).

UN MATAMORE DES LETTRES : GEORGES DE SCUDÉRY par Charles
Clerc, préface de G. Lenôtre.

LA CRISE D'UN CHEF, roman scout, par Cam, préface du
P. Doncœur.

LES AVENTURES DE M. PICKWICK, par Dickens. Préface et tra-
duction de Marion Gilbert.

EN PRÉPARATION :

JUDAS MACHABÉE, par le chanoine E. Magnin.

KOSCIUSKO, par L. de Langalerie.

JACQUES CŒUR, par Jacques des Gachons.

MONTCALM, par Louis Piéchaud.

LA CONQUÊTE DU MONT-BLANC, par Claude Nisson.

LES CRÉATEURS DE L'ASTRONOMIE MODERNE : LES HERSCHEL,
par l'abbé Moreux.

LE SOLDAT DE FERNAND CORTEZ, par Cudlipp.

LE MARÉCHAL BUGEAUD, par Henry Bidou.

LES MERVEILLEUX VOYAGES

DE

MARCO POLO

DANS L'ASIE DU XIIIᵉ SIÈCLE

Publiés par Maurice TURPAUD

" Editions Spes "

17, RUE SOUFFLOT, PARIS Vᵉ

—

1929

LES MERVEILLEUX VOYAGES DE MARCO POLO
DANS L'ASIE DU XIIIᵉ SIÈCLE

Marco Polo naquit à Venise en 1251. Il y mourut en 1324. Pourtant, il n'y passa que le commencement et la fin de son existence. Pendant les années de sa jeunesse et de son âge mûr, il erra sur les routes d'Asie, voyageur que n'épuisait aucune fatigue, qu'aucun danger n'arrêtait, curieux observateur de pays étranges, de coutumes alors inconnues en Europe. Il est le vrai précurseur des grands voyageurs modernes. Sa vie ne fut tout entière que voyages et récits de voyages.

L'enthousiasme des contemporains décerna au livre où il a consigné ce qu'il avait vu et entendu le nom de *Livre des Merveilles du Monde*. Ce nom est mérité. Après plus de six cents ans, l'ouvrage du voyageur vénitien garde tout le charme de la jeunesse. Une puissante vie intérieure l'anime. Marco Polo conte avec joie ce qu'il a vu avec intérêt et ses lecteurs ne se lassent pas d'entendre ses récits parce que lui-même ne se lasse pas d'évoquer ses souvenirs.

Si attrayant qu'il soit, le livre de Marco Polo, publié tel quel, ne serait pas d'une lecture aisée. La langue, vieille de six siècles, exige, pour être comprise, un effort qui détourne à tout moment de la suite du récit. Cette difficulté, jointe à la surprise que provoque une orthographe inaccoutumée pour nous, suffirait à rebuter de jeunes lecteurs. L'étendue, parfois la diffusion et les redites du texte, achèvent d'en rendre la lecture fatigante. Sans être réservée aux seuls érudits, l'excellente édition qu'en deux volumes in-octavo en a donnée, en 1865, le sinologue Pauthier, n'est certainement pas destinée à tous.

Nous en proposons ici un texte abrégé et rajeuni, tout en respectant dans la mesure du possible, quand elles restent claires, les expressions anciennes où se révèle l'homme du XIIIe siècle.

Il nous a paru nécessaire de replacer dans leur cadre les tableaux de Marco Polo. Pour lui, l'essentiel est de conter et de peindre, plus que d'expliquer. Il a une âme de chroniqueur, non d'historien. Il faut, pour le comprendre, l'interpréter en faisant revivre des notions familières à ses contemporains et aujourd'hui disparues. Rappeler ces notions en les complétant et en les critiquant de façon sommaire par les données de la science moderne, y ajouter ce que nous savons de la vie de l'auteur et quelques indications sur la publication de son livre, voilà ce que nous allons faire d'abord en une première et très courte partie. Les récits mêmes de Marco Polo, que nous donnerons dans la seconde partie, de beaucoup la plus importante, y gagneront en clarté comme en intérêt.

En les reproduisant, nous avons dû y pratiquer de larges coupures tant pour les ramener aux dimensions qui nous étaient imposées que pour en retrancher des longueurs fastidieuses. Nous espérons que cette nécessaire adaptation ne détruit pas mais, au contraire, rend plus sensible l'unité profonde du livre, qui ordonne autour de la conquête et de la dynastie mongoles la Chine et toute l'Asie du XIIIe siècle.

Pour l'illustration, nous avons cru devoir recourir aux miniatures du manuscrit original. Leur naïveté fait leur charme : à défaut des spectacles réels que Marco Polo a eus sous les yeux, elles nous montrent comment ils apparaissaient à l'imagination de ses contemporains. Malgré les rajeunissements qu'a exigés un texte par trop archaïque, elles gardent à ce livre l'âme du Moyen-Age.

PREMIÈRE PARTIE

LA VIE ET LE LIVRE DE MARCO POLO

CHAPITRE PREMIER

L'Europe et les Mongols

Au XIIIe siècle, l'Orient est la seconde patrie des Vénitiens. Pour défendre les intérêts de leur commerce avec le Levant, ils ont détourné sur Constantinople l'effort de la 4e croisade ; ils ont fondé un empire latin dont ils sont les premiers, ou, pour mieux dire, les seuls à bénéficier. Si puissant est sur eux l'attrait de l'Orient qu'il ont, un moment, pensé, eux, si fiers de leur isolement quasi insulaire, à abandonner leurs lagunes de l'Adriatique pour transporter à Constantinople le siège de leur République. En tout cas, les meilleurs, les plus avisés de leurs commerçants s'y sont installés en quête de transactions fructueuses. Parmi eux, figurent le père et l'oncle de Marco, Messires Nicolo et Matteo Polo. Parler d'eux, c'est déjà parler de Marco : ce fut leur hardiesse qui fraya la route où celui-ci devait s'engager. Aussi n'a-t-il pas manqué, en contant ses propres aventures, d'y mettre comme préface le récit des leurs.

Plus le commerçant est entreprenant, plus hardiment il s'avance, à travers les régions peu fréquentées, vers la marchandise précieuse, et plus large est pour lui le profit, compensateur du risque. Andrea, le frère aîné de Nicolo et de Matteo, avait fondé un comptoir sur les bords de la Mer Noire, à Soudak, ville de Crimée. Sans doute, il se trouvait bien de son initiative, car Nicolo et Matteo, qu'agitait le désir de « gagner », résolurent d'aller de ce côté pour tenter leur chance. La grande difficulté pour les commerçants d'alors était de garder dans la main leurs capitaux en vue des occasions avantageuses. Les deux frères recoururent au procédé habituel. Ils vendirent leurs biens, achetèrent des joyaux pour lesquels ils n'étaient pas embarrassés de trouver preneur, et ils partirent.

Arrivés à Soudak, ils se trouvent à l'extrême frontière des pays gréco-latins. Par delà, s'étend la mystérieuse et profonde Asie, l'Asie pleine de terreurs et de richesses. Depuis des siècles, elle exerce sur les Grecs, puis sur les Romains, et maintenant sur leurs héritiers de France et d'Italie, sa fascination. Les frères Polo savent que la fortune de l'Occident est faite de quelques bribes échappées à ses immenses trésors. L'Asie Mineure n'est qu'un lieu de transit ; ce sont les produits venus d'ailleurs qui fournissent le plus clair des échanges commerciaux. La soie, les épices, les perles, les diamants, tout part de contrées très lointaines.

Quelles contrées ? Les frères Polo ne le savent pas avec précision. Les voyageurs d'alors, quand ils n'étaient pas des pèlerins, n'étaient que des marchands. Les Arabes, navigateurs ou caravaniers, tendaient à travers les flots de l'Océan ou les sables du désert le seul lien qui unît l'Europe à l'Extrême Orient. L'appât du gain, qui les lançait vers les régions nouvelles, les portait aussi à garder le secret de ce qu'ils y avaient vu et des routes qu'ils avaient suivies pour y atteindre. L'ignorance où ils maintenaient les autres peuples restait le plus sûr moyen de s'assurer le monopole des marchés qu'avait découverts leur audace. Ils en défendaient l'accès par des légendes terrifiantes. Jadis, Alexandre, poussé par la double ambition de la conquête et de la science, n'a pu, malgré tout son prestige, décider ses soldats à s'enfoncer avec lui dans ces lieux redoutables. Il n'a fait qu'aborder les Indes. Elles gardent après lui tout leur secret. Plus mystérieux encore est le pays des Sères, la Chine d'où vient la soie. D'ailleurs, depuis la prédication de l'Islam, le fanatisme religieux s'est ajouté à la jalousie mercantile pour renforcer la barrière entre l'Europe et l'Extrême-Orient. Les marchands arabes, qui déjà redoutaient le concurrent, repoussent maintenant l'infidèle. Comment, malgré cette double hostilité, un chrétien pourrait-il pénétrer dans ces immenses contrées peuplées d'idolâtres qui forment derrière l'Asie mahométane une masse énorme et confuse ?

Pourtant, la tentation pour les Polo est bien forte. Ils savent combien les marchandises prennent de valeur à être transportées d'un point très éloigné. S'ils pouvaient acheter aux pays d'origine les épices, la soie, les perles, les rubis, quels profits fantastiques ! Ils ont devant eux la terre magique des Mille et Une Nuits. Que ne vont-ils pas faire pour y entrer, pour s'en approprier les trésors ? Ce ne sont pas des risque-tout, mais le courage ne leur manque point. Ils appartiennent à cette forte et patiente race vénitienne qui, après avoir tout combiné, se jette résolument dans l'aventure : commerçants qui, pour s'enrichir, n'hésitent pas à braver la mort.

La route des Indes par l'Asie-Mineure est fermée : pourquoi n'en pas tenter une autre ? Après tout, les chances de succès sont appréciables. L'invasion mongole en est une. Prendre contact avec les Mongols est sans doute le but immédiat que les Polo ont visé en allant à Soudak. Ils sont attentifs aux événements politiques dont dépendent étroitement les intérêts commerciaux. Cette année-là, — le 5 avril 1250, — le roi de France Louis IX, à la tête des Croisés, a été battu et fait prisonnier à la Mansourah. L'effort des Latins pour s'installer en Orient n'a pas réussi. Leur éphémère empire de Constantinople menace ruine. Le commerce vénitien a profité du succès des expéditions religieuses : il risque de pâtir de leur échec. Le monde musulman se resserre dans une attitude de défense et de contre-attaque. Il a, pour champion, substitué au marchand arabe le guerrier turc. Plus que jamais, il voit dans tous les chrétiens des ennemis. La guerre sainte répond à la croisade.

Dans ce duel de la chrétienté et de l'Islam, l'intervention du Mongol paraît providentielle. Les successeurs de Gengis-Khan prétendent dominer l'Asie entière : pourquoi, dans ce dessein ne s'allieraient-ils pas aux chefs occidentaux contre les princes musulmans ? Dès 1245, Innocent IV envoie Duplan Karpin vers Djengis-Khan et M. Pelliot a récemment découvert dans les archives du Vatican l'original du traité conclu à cette occasion avec le conquérant. A Rome, on étudie un projet qui unirait dans une action concertée contre les Mamelucks d'Egypte les monarques d'Europe et les souverains mongols de Perse. En 1248, Saint Louis, à Chypre, reçoit une ambassade qui a trait à ce dessein.

On ne s'en tient pas à l'alliance politique. Aucune haine religieuse ne sépare les princes mongols des chrétiens. Ils sont sans fanatisme. La papauté les considère du même œil que jadis, au temps des invasions, elle considéra les rois germains. Pourquoi ne les convertirait-elle pas ? Elle leur envoie des missionnaires qui transportent avec eux des ornements d'église, des autels, des reliques « pour voir, dit Joinville, s'ils pourraient attirer ces peuples à notre croyance » Jadis les chrétiens nestoriens ont déposé dans l'Asie centrale des germes de foi. La semence n'a pas disparu. Quand le moine Rubruk, envoyé par Saint Louis, arrive en 1250 à Khara-Kharoum, capitale des Mongols, il aperçoit, non loin du palais du souverain, un édifice surmonté d'une petite croix. « Alors, dit-il, je fus au comble de la joie et, supposant qu'il y avait là quelque communauté chrétienne, j'entrai avec confiance et je trouvai un autel magnifiquement orné. On voyait, sur des étoffes brodées d'or, les images du Sauveur, de la Sainte Vierge, de Saint Jean-Baptiste et de deux anges dont le corps et les vêtements étaient enrichis de pierres précieuses. Il y avait une grande croix en argent, ayant des perles au centre et aux angles ; une lampe à huit jets de lumière brûlait devant l'autel. Dans le sanctuaire était assis un moine arménien maigre, basané, revêtu d'une tunique grossière qui lui allait à mi-jambes. Par dessus, il portait un manteau noir fourré de soie. » Rubruk raconte qu'il trouva dans ces contrées un grand nombre de chrétiens qui pratiquaient leur culte en toute liberté.

Les imaginations s'exaltent. Les faits se déforment et s'amplifient. On en vient à croire qu'il existe quelque part, en Asie, un puissant monarque chrétien. La légende du prêtre Jean naît et se répand dans tout l'Occident.

S'il y a dans ces vues une grande part de chimères, une réalité demeure, qui sert admirablement les intérêts commerciaux : étendue aux tribus nomades de l'Asie centrale, la domination mongole leur imposait une discipline qu'elles n'avaient jamais connue ; elle réfrénait par la crainte d'un rude châtiment leurs instincts pillards. Pour la première fois, les caravanes marchandes pouvaient espérer quelque sécurité. Tous les explorateurs s'accordent à dénoncer comme le plus redoutable des obstacles qu'ils rencontrent les querelles entre petits chefs. Elles empêchent les voyageurs d'avancer et, lorsqu'ils se décident à poursuivre malgré tout leur route, les exposent aux pires avanies. L'autorité suprême du souverain mongol, du grand Khan, du grand seigneur, supprimait les effets de ces

1 — Le Calife de Bagdad enfermé dans son trésor.

querelles. Celui qu'il protégeait était partout respecté. C'était la paix mongole, comme jadis la paix romaine.

Naturellement, cette paix n'était que relative. Parfois des compétitions éclataient entre princes mongols eux-mêmes sans que le grand seigneur s'en mêlât. Alors, il ne faisait pas bon, pour les voyageurs ou les marchands qui traversaient le théâtre de la guerre, d'être protégés par l'un des chefs rivaux : c'était, par là même, se voir désigné aux vengeances des autres. Seulement ces discordes civiles ne portaient pas atteinte à l'autorité suprême du grand Mongol que reconnaissaient également les belligérants. Par là se trouvait maintenue, même alors, une possibilité de sécurité. Les frères Polo en usèrent. Voici dans quelles circonstances.

CHAPITRE II

Premier voyage des frères Polo

Après plusieurs années de séjour à Soudak, Nicolo et Matteo Polo en étaient partis, en 1261, pour se rendre auprès de Barkaï-Khan, descendant de Gengis-Khan, qui régnait sur les Mongols occidentaux et habitait la ville de Séraï, sur le Volga. Long voyage qui dura plus de deux mois. On allait à petites journées. On avait chargé dans des chariots traînés par des bœufs des pièces de toile et de drap, seule monnaie qui parût précieuse aux nomades du pays. En échange de cette pacotille, ils donnaient aux voyageurs force bœufs et moutons pour se nourrir et aussi le délicieux koumis préparé avec le lait des cavales. Les frères Polo arrivèrent enfin à Saraï. Plutôt qu'une ville véritable, c'était un vaste assemblage de parcs et de marchés, quelque chose comme une foire permanente. Les Mongols y faisaient hiverner leurs immenses troupeaux et les marchands arabes y apportaient leurs produits. Seul, le palais du Khan était garni de remparts et de tours.

Barkaï fit grand accueil aux Vénitiens. Mal informé des choses et des gens d'Europe, il était très curieux de les connaître. Il retint les deux frères à sa cour pendant une année entière. Comme tous les chefs mongols, à qui la guerre offrait un moyen facile de s'enrichir, il était généreux et traitait les affaires largement, en prince plutôt qu'en marchand. Les Vénitiens, qui avaient escompté cette munificence, ne manquèrent pas d'en profiter. Ils offrirent à Barkaï tous les joyaux dont ils s'étaient munis. Le Mongol fut enchanté et leur en fit remettre plus de deux fois la valeur.

Les Vénitiens auraient sans doute utilisé longtemps encore les dispositions bienveillantes de leur hôte. Par malheur, une guerre éclata entre lui et un autre descendant de Gengis-Khan, Houlagou, qui régnait en Perse. Barkaï fut vaincu, mais la guerre se prolongea et toute la région qu'avaient traversée les voyageurs pour venir à Saraï fut dévastée par des bandes qui pillaient et massacraient. La voie du retour leur était fermée : les Vénitiens, payant d'audace, se résolurent à aller de l'avant. Ils franchirent le Volga, traversèrent pendant vingt-six journées de marche un désert peuplé seulement de pasteurs nomades et arrivèrent enfin à Boukhara.

Cette fois, leur embarras fut extrême. Impossible soit d'avancer, soit de reculer. Les indigènes se méfiaient de ces visiteurs dont la curiosité leur paraissait suspecte et ils les surveillaient étroitement. Pendant trois ans, les Polo se morfondirent. Un événement imprévu vint les tirer d'affaire. En 1264, passèrent à Boukhara des ambassadeurs qu'Houlagou envoyait à Cambaluc, près de Pékin, pour rendre hommage au chef suprême des Mongols, à l'empereur Koubilaï-Khan. Quelle occasion de traverser en sécurité des régions inconnues et peut-être, qui sait ? de nouer des relations politiques et commerciales dont eux-mêmes profiteraient à coup sûr et peut-être, avec eux, toute la chrétienté ! Les circonstances les favorisèrent. S'ils étaient curieux de connaître les choses de Chine, l'empereur mongol ne l'était pas moins de connaître celles d'Europe. Des voyageurs comme les Polo, bien informés et intelligents, seraient en mesure de lui apprendre beaucoup. Jamais Latins n'avaient poussé aussi avant. Amener ceux-ci à la cour du souverain, c'était faire acte de bon et utile serviteur. Les ambassadeurs pressentirent donc les frères Polo :

— Si vous voulez nous croire, nous vous donnerons belle occasion de gloire et de profit.

Les Vénitiens, subtils diplomates, se gardèrent bien de laisser voir qu'ils devinaient la pensée de leurs interlocuteurs, surtout de révéler la leur et leur secret désir. Ils se contentèrent d'affirmer leur confiance, invitant les ambassadeurs à s'exprimer avec clarté.

— Jamais, poursuivirent les Mongols, jamais le grand Khan n'a vu homme de race latine et il désire grandement en voir. Venez avec nous juqu'à sa Cour. Soyez bien convaincus qu'il vous recevra avec joie et vous comblera de présents et de marques d'honneur. En notre compagnie, votre sécurité sera complète : personne n'oserait vous molester.

Les deux frères eussent recherché une telle proposition si on ne la leur eût pas faite. Ils mirent à l'accepter tout juste assez d'hésitation pour persuader les ambassadeurs qu'ils cédaient surtout au désir de leur complaire et de complaire au grand Khan.

CHAPITRE III

LE GRAND KHAN CHARGE LES FRÈRES POLO D'UNE MISSION POUR LE PAPE

Les deux frères partirent donc et, pendant une année entière, chevauchèrent de compagnie avec les seigneurs mongols, si bien qu'ils arrivèrent auprès du grand Khan. Petit-fils du fameux Gengis-Khan, Khoubilaï-Khan, alors âgé de 59 ans, régnait depuis cinq ans sur toutes les tribus de sa race. L'empire mongol était en pleine croissance. La Perse venait d'être conquise. Maître de la Chine du Nord, Khoubilaï préparait la conquête du Midi. C'était le mouvement inverse de celui qui s'est accompli sous nos yeux quand les nationalistes de Canton ont remonté vers Nankin, puis vers Pékin.

Koubilaï, esprit avisé et doué d'un grand sens politique, voyait que les musulmans étaient les âpres rivaux des Mongols dans la conquête de l'Asie. Il comprit tout l'intérêt que présentait pour lui cette occasion d'entrer en relations avec les peuples d'Occident. Il pressa ses hôtes de questions. Il voulait savoir comment était organisée la société chez les Latins, comment les princes exerçaient leur autorité et rendaient la justice, comment les armées se comportaient en guerre. Il s'informa aussi de la religion chrétienne, du Pape et de l'Eglise. Les deux Vénitiens, au cours de leur long voyage, avaient acquis une pratique parfaite de la langue mongole que parlaient les conquérants. Ils furent en mesure de répondre à l'Empereur et, comme ils étaient gens sages et pleins d'expérience, ils le renseignèrent très exactement sur tout ce qu'il désirait savoir. Ils plurent à Khoubilaï qui apprécia leur hardiesse et leur prudence. Ces hommes d'Occident, qui étaient venus à lui, il fallait tirer parti de leur visite. Il leur proposa de se charger d'un message pour le Pape. Les frères Polo n'avaient garde de laisser échapper cette occasion de jouer un rôle considérable. Ils acceptèrent avec joie l'offre de Khoubilaï. Le prince leur remit donc une lettre pour le Pape. Il y demandait au pontife de lui envoyer cent hommes versés dans les sciences d'Europe et dans la foi chrétienne.

— Nous les mettrons en présence, disait-il, de ceux qui pratiquent ici d'autres religions. Si vos envoyés prouvent clairement que la loi du Christ est la meilleure, nous l'adopterons et tout notre peuple l'adoptera avec nous.

Magnifique promesse, que Khoubilaï n'eût peut-être pas tenue volontiers ni surtout facilement. En tout cas, la perspective était pour satisfaire, chez les Polo, à la fois le chrétien, le politique et le commerçant. Si leur ambassade réussissait, ils gagneraient à l'Evangile un peuple nombreux, assureraient à l'empire latin un puissant allié et ouvriraient à leurs propres affaires un marché immense.

Sans doute, depuis deux ans déjà, Michel Paléologue, restaurant la grandeur grecque autant qu'elle pouvait être restaurée, avait détruit l'empire latin de Constantinople, mais les frères Polo, qui erraient depuis neuf ans sur les routes d'Asie, ne savaient rien de ces événements. Roulant en tête les plus vastes projets, ils prirent congé de Khoubilaï et se mirent en route vers l'Europe. Cette fois, ils n'avaient plus rien à craindre : le grand Khan leur avait remis une tablette d'or où était gravé l'ordre de leur procurer, sous peine de mort, tout ce qui était utile pour leur voyage. Partout où ils passaient, il leur suffisait de montrer leur tablette pour être aussitôt servis, honorés et pourvus de tout en abondance.

Ils chevauchèrent ainsi pendant trois ans sans sortir des territoires soumis à l'autorité de Khoubilaï. La durée de leur voyage semble, à première vue, incroyable. Elle s'explique pourtant : ils allaient à petites journées et, quand venait l'hiver, ils s'arrêtaient pendant des mois entiers. On peut d'ailleurs penser que les Vénitiens ne manquaient pas de commercer chemin faisant. Ils arrivèrent enfin à Aïas, sur le golfe d'Alexandrette. S'étant rendus de là à Saint-Jean d'Acre, ils y apprirent que le Pape Clément IV était mort. En attendant qu'un successeur lui fût désigné, ils s'en furent à Venise d'où ils étaient restés absents près de quinze ans. La femme de Nicolo Polo était morte, mais lui avait laissé un fils, Marco, qui entrait dans sa quinzième année. Nicolo et Matteo séjournèrent deux ans à Venise et y réglèrent leurs affaires en attendant l'élection du nouveau Pape.

Comme celle-ci tardait, ils craignirent que le Grand Khan ne s'impatientât et se décidèrent à retourner vers lui. Plutôt que de laisser le jeune Marco sans guide et sans conseils, ils l'emmenèrent, pensant que ce lui serait bonne occasion de s'instruire et de se former au commerce. Le jeune homme partit de Venise à 17 ans. Il ne devait y revenir que 24 ans plus tard, en 1295.

CHAPITRE IV

MARCO POLO ARRIVE AVEC SES ONCLES, PORTEURS
DE LETTRES DU PAPE, A LA COUR DU GRAND KHAN

Les trois voyageurs s'en furent d'abord à Jérusalem, auprès des gardiens qui veillaient sur la lampe du Sépulcre. Khoubilaï leur avait, en effet, exprimé le désir, de posséder de l'huile sainte. Ils s'en pourvurent donc, puis se rendirent à Saint-Jean d'Acre, auprès du Légat du Pape, afin qu'il leur donnât pour Khoubilaï une lettre expliquant la situation et le retard apporté à l'élection d'un nouveau Pape. Mais, à peine étaient-ils partis, munis de la lettre demandée, qu'ils apprirent que le Conclave s'était enfin prononcé et que le Légat lui-même avait été proclamé Pape, sous le nom de Grégoire X. Tout joyeux, ils retournèrent aussitôt à Saint-Jean d'Acre, où le nouveau pontife les avait mandés. Il comprenait toute l'importance de la mission dont les Polo s'étaient chargés et désigna pour aller instruire le souverain mongol les deux docteurs les plus renommés de l'époque, les frères prêcheurs Nicolas de Vicence et Guillaume de Triple. Il leur remit, ainsi qu'aux deux frères Polo, des lettres authentiques pour le grand Khan et, leur ayant donné sa bénédiction, les exhorta à aller en diligence remplir leur mission.

Comme ils étaient arrivés à Layas, le Sultan d'E-gypte Bibars envahit la Syrie, appelé par les Musulmans de ce pays pour les défendre contre les Mongols d'Houlagou. Bibars entra dans Layas que ses habitants avaient abandonnée et la livra aux flammes. Les deux frères prêcheurs ne semblent pas avoir eu une âme de martyrs. La peur les prit : remettant aux Polo tous les messages que leur avait confiés le Pape, ils laissèrent là leur mission et s'embarquèrent pour l'Europe. Les Vénitiens, eux, montrèrent plus de courage. Ils avaient l'habitude de la guerre et comptaient sur la protection divine et sur leur chance. Malgré les dangers, ils poursuivirent leur voyage. Ils furent assez heureux pour franchir sans encombre les régions où l'on se battait et entrèrent bientôt dans les territoires soumis au Grand Khan. Dès lors, ils se trouvèrent en pleine sécurité. Leur voyage ne dura pas moins de trois ans et demi. Les conditions étaient les mêmes qu'à l'aller ; le froid extrême les obligeait à s'arrêter tout l'hiver. Enfin, ils approchèrent de Kaï-Ping-Fou, à 70 lieues de Pékin, où Khoubilaï avait sa résidence d'été. Sitôt que l'empereur eut connaissance de leur venue, il envoya au-devant d'eux, jusqu'à 40 jours de marche, et les fit conduire auprès de sa personne.

Dès qu'ils furent en sa présence, ils s'agenouillèrent devant lui. Il les releva et, leur témoignant la grande joie qu'il avait de les revoir, il s'enquit avec intérêt des circonstances de leur voyage. Ils satisfirent sa curiosité et lui remirent les lettres du Pape, ainsi que l'huile du Saint-Sépulcre. Il s'en montra ravi. Puis, avisant Marco, qui se tenait modestement à l'écart :

— Qui est ce jeune homme ? demanda-t-il.

— Sire, lui dit Nicolo, c'est mon fils et votre sujet.

— Qu'il soit le bienvenu ! répondit l'empereur.

C'est ainsi que Marco fut admis à la Cour du Grand Khan.

CHAPITRE V

Dix-sept ans de voyages en Asie

Pendant dix-sept ans, sous les yeux éblouis du voyageur vénitien, allaient se dérouler les magnificences d'un Orient féérique. Depuis 1268, Chun-Ti, le dernier empereur de la race des Soung, était mort : la Chine entière obéissait à Khoubilaï, le Chi-Tsou des Annales Chinoises. Gengis-Khan et ses successeurs immédiats avaient gardé, au milieu des populations conquises, les mœurs rudes des nomades mongols. Khoubilaï fut le premier à adopter le cérémonial chinois. Marco Polo nous en décrit les rites compliqués, le faste inouï. Il nous montre, dans des palais incrustés d'or, le souverain, dieu mortel, adoré par un peuple de courtisans. Toutes les splendeurs de Versailles pâlissent à côté de celles de Cambaluc ; auprès de Khoubilaï, Louis XIV paraît un prince modeste et simple.

Si vaste qu'elle soit, la Chine n'est qu'une partie de l'immense empire mongol. En même temps qu'elle, la Perse a reçu le joug. Les armées victorieuses du grand Khan ont conquis la Mésopotamie et disputent la Syrie aux musulmans d'Egypte. Elles occupent l'Inde jusqu'à l'Indus et ont envahi l'Indo-Chine : elles avaient même tenté un débarquement au Japon.

Jusque sur les îles de la Malaisie, Khoubilaï prétendait à un vague droit de suzeraineté. Son action diplomatique atteignait Madagascar.

Dans un empire si étendu, le gouvernement central devait souvent employer des envoyés spéciaux. Le pouvoir des autorités locales était large, mais il fallait les contrôler, parfois même se substituer à elles dans des cas particulièrement délicats. Marco Polo fut désigné pour une de ces missions lointaines. Jeune et d'esprit ouvert, il avait appris rapidement la plupart des langues qui se parlaient dans l'empire. Cette connaissance, jointe à la grande estime dans laquelle il tenait les Vénitiens, fixa le choix de l'empereur.

Marco Polo répondit à son attente. Khoubilaï aimait à s'instruire. Lorsque les officiers qu'il avait envoyés en mission revenaient auprès de sa personne, il ne manquait pas de les questionner sur ce qu'ils avaient vu au cours de leur voyage. La plupart ne savaient que lui exposer l'objet strict de leur mission, sans rien lui dire sur ce qu'ils avaient pu voir et observer. Alors le souverain les reprenait :

— Je sais bien, leur disait-il, pourquoi je vous ai envoyés là-bas ; ce que je voudrais savoir, c'est comment vivent ces populations lointaines, quelles sont leurs mœurs et leurs coutumes.

Les officiers qui ne pouvaient satisfaire sa curiosité, il les tenait pour incapables et ignorants. Le jeune Marco, qui savait ce penchant de l'empereur et qui lui-même était passionnément curieux de toute nouveauté, eut grand soin, à son retour, de faire un tableau complet et minutieux de tout ce qu'il avait remarqué au cours de son voyage. Ses récits pittoresques charmèrent l'empereur qui saisit désormais chaque occasion d'envoyer en mission un observateur si diligent. Ainsi put-il connaître et explorer à son gré des contrées lointaines où, sans son caractère officiel, il n'aurait jamais pénétré.

Dans sa précieuse édition du Livre de Marco Polo, l'érudit Pauthier, en interprétant, à l'aide de documents chinois, les indications volontairement imprécises données par le Vénitien, a pu reconstituer les missions dont Marco Polo fut chargé. Les principales furent pour le Tonkin, la Birmanie, Ceylan, la Cochinchine. Marco Polo fut aussi gouverneur de la ville et du territoire de Yang-Tchéou. Les annales chinoises parlent d'un Po-Lo, commissaire en second du conseil privé. Elles mentionnent le rôle important qu'il joua lors du meurtre d'un certain Achmet, ministre des finances de Khoubilaï. Ce sont les propres exactions d'Achmet qui avaient provoqué son assassinat. Marco Polo, chargé d'informer, découvrit et révéla à l'empereur les prévarications de son ministre. A défaut du principal coupable, la justice mongole s'exerça sur les complices. Ils furent livrés au supplice et les immenses richesses accumulées par Achmet furent confisquées.

C'est ainsi que, pendant dix-sept ans, Marco Polo, membre du conseil privé et commissaire impérial, fut comblé de faveurs par Khoubilaï-Khan. Il menait une vie fastueuse et surtout pouvait satisfaire librement à travers l'immense empire mongol ses goûts d'observateur, visitant des contrées et des populations qu'aucun Européen n'avait vues avant lui et qui, après lui, allaient pour des siècles retrouver leur mystère.

CHAPITRE VI

LE RETOUR EN EUROPE

Les trois Vénitiens n'avaient pourtant pas oublié leur patrie. Maintes fois ils prièrent l'empereur de leur permettre d'y retourner. Mais Khoubilaï appréciait trop leurs services pour consentir aisément à s'en passer et, malgré leurs supplications, il refusait de les laisser partir. Enfin une circonstance favorable se présenta. En 1293, Arghoun, qui avait succédé à Houlagou sur le trône de Perse, envoya des ambassadeurs à Khoubilaï, chef suprême de la dynastie mongole, pour le prier de lui donner comme épouse une princesse de leur sang. Les trois Vénitiens demandèrent qu'il leur fût permis de se joindre à la mission chargée de conduire la fiancée au souverain persan. Khoubilaï finit par consentir à leur requête. Il les appela près de lui pour une dernière entrevue et leur souhaita un heureux retour en Europe, mais il ne leur demanda pas cette fois de revenir. Il approchait de sa 80e année et n'espérait plus vivre assez pour les revoir. Comme il l'avait fait vingt-sept ans plus tôt, il leur remit des tables d'or destinées à leur assurer le libre passage à travers ses Etats. Il les chargea aussi de lettres pour le Pape, pour le roi de France, pour le roi d'Angleterre, le roi d'Espagne et les principaux

2 — Arrivée d'un bateau de l'Inde à Hormouz.

monarques chrétiens. Les Polo prirent alors congé du monarque qui les avait si généreusement accueillis et quittèrent, pour ne plus le revoir, ce lointain empire, où, ils avaient passé une si grande part de leur existence.

Au moment où Marco fut chargé de cette dernière mission, il venait de faire un voyage dans l'Inde et était rentré par mer en Chine. Il avait raconté devant le grand Khan les détails de son retour et son récit avait tellement plu aux ambassadeurs persans qu'ils résolurent de regagner, eux-aussi, par mer leur pays. Ce à quoi les Vénitiens s'empressèrent de consentir. Khoubilaï fit équiper pour eux 14 navires à quatre mâts ; les plus grands de ces navires avaient jusqu'à 250 hommes d'équipage. On les chargea de vivres pour deux ans. Les Polo s'embarquèrent avec la princesse, les envoyés d'Arghoun et l'escorte, en tout six cents hommes, sans compter les marins. Le voyage fut long et pénible. Il fallait contourner la Chine, l'Indo-Chine, l'Inde pour débarquer au golfe Persique. Marco Polo ne nous rapporte pas le détail de la traversée, mais il nous dit que sur les six cents passagers, dix-huit seulement survécurent. A leur arrivée en Perse, les Vénitiens trouvèrent qu'Arghoun était mort ; son frère Kaïkhaton lui avait succédé. C'est à ce roi que la princesse fut remise et les Polo continuèrent leur route vers l'Europe.

Ils étaient munis de quatre tables d'or de commandement que la princesse leur avait remises pour leur sûreté. Elle y enjoignait de traiter les porteurs avec

autant de considération que s'il se fût agi d'elle-même.
Partout où passaient les Vénitiens, la vue des tables
faisait merveille. Ils étaient abondamment défrayés
de tout et on leur donnait une forte escorte. La précaution n'était pas inutile, car les Polo rapportaient de
Chine un volumineux bagage bien fait pour tenter les
voleurs.

CHAPITRE VII

MARCO POLO A VENISE

Un matin de l'an 1295, les habitants de Venise ne furent pas peu surpris de voir trois voyageurs, vêtus de costumes étrangers, qui heurtaient à la porte du palais jadis occupé par les frères Polo. Personne ne doutait de leur mort, et leurs héritiers avaient depuis des années recueilli leurs biens. Ils questionnèrent les visiteurs inattendus. Ceux-ci, dans un italien péniblement articulé, et mêlé de mots étrangers, déclarèrent qu'ils étaient Nicolo, Matteo et Marco Polo revenus après 24 ans d'absence. La stupeur fut grande et aussi l'incrédulité. Mais les arrivants donnaient de telles précisions qu'à la longue il était bien difficile de ne pas les croire. Malgré tout, quelque réserve persistait. Elle se dissipa quand, devant les curieux accourus de toute la ville au bruit de la surprenante nouvelle, des serviteurs, ouvrant l'un des coffres dont les voyageurs étaient munis, étalèrent des joyaux sans prix et de merveilleuses étoffes. La cause était entendue : des hommes qui rapportaient de tels trésors ne pouvaient être des imposteurs.

Remis en possession de leur palais, les Polo s'y installèrent avec une magnificence inouïe. Ce n'est pas vainement qu'ils avaient longtemps vécu au milieu d'une Cour digne des Mille et Une Nuits. Ils avaient pris des habitudes de faste qui étonnaient les Vénitiens eux-mêmes, si orgueilleux de leurs richesses et si portés à l'ostentation. Le « palais des millionnaires », tel fut le nom que la foule donna à la demeure des Polo.

Marco Polo s'était tout de suite retrouvé Vénitien. Pendant ses longues aventures au sein de l'Orient, il avait conservé dans son cœur l'amour de la cité natale. Le dignitaire de Khoubilaï restait, si haut placé qu'il fût, un de ces marchands vénitiens, qui, en s'enrichissant, enrichissaient leur patrie. Gênes et Venise étaient alors en guerre. Marco Polo équipa une galère à ses frais et la conduisit lui-même à la bataille. En 1296, dans le golfe de Layas, la flotte vénitienne fut vaincue. Vingt-cinq galères furent détruites ou tombèrent au pouvoir des Gênois. Marco Polo fut au nombre des prisonniers. Il fut retenu à Gênes plusieurs années. Les prisonniers, comme tous les oisifs, aiment les récits. Marco Polo égayait ses compagnons et s'égayait lui-même en racontant ce qu'il avait vu autrefois. Du fond de son étroite prison, il évoquait la Chine, avec ses villes immenses et ses habitants sans nombre, les palais du grand Khan emplis de trésors et peuplés d'esclaves. Les auditeurs écoutaient, amusés et ravis, comme des enfants écoutent des contes de fées.

La célébrité de Marco se répandait parmi eux. Bientôt l'idée lui vint que ses récits pouvaient plaire à un large public. Avec lui, prisonnier comme lui, vivait un écrivain alors connu, Rusticien de Pise. Il avait compilé et abrégé les romans de la Table Ronde. Il s'offrit à Marco Polo pour écrire sous sa dictée la relation de ses voyages. Telle fut l'origine du *Livre des Merveilles du Monde.*

Sorti des prisons de Gênes, Marco Polo rentra dans sa patrie, entouré du double prestige d'heureux voyageur et de bon citoyen. Il fut nommé membre du grand Conseil de Venise. Il mourut chrétiennement dans sa ville natale en 1324. Son testament, daté du 9 janvier de cette même année, contient une clause d'affranchissement en faveur d'un esclave d'origine mongole : « Je libère mon serviteur Pierre de tous liens de servitude, afin que, de même, Dieu me libère de tous mes péchés ».

CHAPITRE VIII

LA VÉRACITÉ DE MARCO POLO

Le livre de Marco Polo trouva tout de suite un public nombreux. Il l'avait dicté en français, le français étant alors la langue internationale. C'était l'époque où la race française, dans sa merveilleuse expansion, semblait sur le point de dominer l'Europe entière ; où la monarchie capétienne, avec Philippe-Auguste et Philippe le Bel, redonnait pleine vigueur aux souvenirs jamais oubliés de l'empire carolingien ; où le légiste Pierre du Bois trouvait naturel qu'un seul roi régnât sur la chrétienté, pourvu que son pouvoir reposât sur la justice. Emporté par son ardeur gibeline, Dante s'indignait contre la lignée des Philippe et des Louis, « arbre funeste dont les rameaux recouvraient le monde ». L'âpre poète refusait de se servir du français et créait une langue pour son génie. Mais il restait d'abord sans imitateur, comme il avait été sans modèle. A l'heure même où il terrifiait les hommes par ses fantastiques visions d'un monde surnaturel, Marco Polo, qui les instruisait et les charmait par ses réels voyages à travers la Chine, demeurait fidèle à la tradition littéraire de l'époque et écrivait en français, dans le langage qu'on s'accordait alors à proclamer le plus délectable entre les langages humains.

S'ils lurent avidement le Livre de Marco Polo, ses contemporains n'y virent guère qu'un conte agréable. Ils connaissaient le proverbe : « A beau mentir qui vient de loin » et ils ne doutaient pas que le Vénitien n'eût usé largement de la liberté accordée aux voyageurs.

— « J'ai vu, disait Marco Polo, une ville qui a bien cent milles de tour ; elle compte 12 quartiers de 12.000 maisons chacun et dans chaque maison, habitent de 10 à 40 personnes. Sachez qu'on y voit 12.000 ponts de pierre, si hauts que sous chacun passerait un gros navire ; à chaque pont veillent dix hommes de garde. »

Comment les Vénitiens, si fiers des 400 ponts de leur cité, eussent-ils pu croire à pareille merveille ? Ils savaient compter : 12 quartiers de 12.000 maisons, peuplées de 10 à 40 habitants, cela faisait une ville de 2 à 3 millions d'hommes. Tout, dans les récits du voyageur, était à la même échelle. Les soldats du grand Khan se chiffraient par centaines de mille, ses revenus par dizaines de millions. Personne, dans l'Europe du Moyen-Age, n'avait l'idée de pareilles masses humaines ni d'aussi formidables moyens financiers. Aussi les Vénitiens raillaient l'imagination de leur compatriote. « Conte-nous un mensonge », lui criait de loin les enfants. Le prêtre qui l'assista à ses derniers moments le conjura, pour le salut de son âme, de rétracter ses mensonges. Mais Marco Polo répliqua : « Je n'ai pas dit la moitié de ce que j'ai vu ».

Ce témoignage solennel de Marco Polo mourant ne fait que confirmer celui qu'il porte au début de son

livre : « Pour savoir la pure vérité des diverses régions
du monde, prenez ce livre et le faites lire. Chacun qui
ce livre écoutera ou lira le doit croire parce que toutes
choses y sont véritables. Car je vous fais savoir que,
depuis que Dieu créa Adam, notre premier père, jamais homme d'aucun temps ne connut des diverses
parties du monde et de leurs grandes merveilles autant qu'en connut messire Marco Polo. C'est pour cela
qu'il a cru que ce serait trop grand dommage s'il ne
faisait mettre en écrit ce qu'il a vu et entendu afin
que les autres gens qui ne l'ont vu ni entendu l'appris-
sent par ce livre. »

C'est qu'en effet tous les récits du voyageur sont
scrupuleusement exacts. Pour les dicter, il n'avait pas
seulement recouru à sa mémoire, il possédait des documents précieux. Quand il était en Chine, chargé de
missions par Khoubilaï-Khan, il ne manquait pas, au
cours de ses voyages, de prendre des notes nombreuses
qui lui permettaient de faire à l'Empereur un récit
fidèle. Les lecteurs européens profitèrent de ce qui
avait été destiné à l'information et au divertissement
du souverain mongol.

Aussi quel contraste entre ses récits et les fables
de ses devanciers immédiats ! Quand parut le livre de
Marco Polo, le géographe Brunetto Latini venait tout
juste de mourir. Son *Trésor* rassemble les notions
que possédaient les contemporains sur l'Asie. Aucun
témoignage direct, aucune vraisemblance même. Les
légendes empruntées aux auteurs de tous les temps et
de tous les pays y sont accueillies pêle-mêle. Latini

nous montre les Indes peuplées d'habitants fantastiques. Certains peuples ont les pieds retournés, la plante
en l'air et huit doigts à chaque pied. Il y a des hommes qui ont des têtes de chien, d'autres qui n'ont point
de tête du tout : leurs yeux sont placés sur leurs épaules. Chez d'autres, les enfants quand ils naissent ont
les cheveux blancs ; c'est l'âge qui les noircit. On rencontre des tribus où les hommes n'ont qu'un œil
et qu'une jambe, ce qui ne les empêche pas de courir
avec une vélocité extrême. Tout est sur ce ton : on
croirait entendre des contes de nourrice plutôt que
lire un ouvrage à prétentions scientifiques. Depuis
l'époque de Pline l'Ancien, la géographie n'avait fait
aucun progrès. On avait seulement mêlé de nouvelles
fables à celles qu'accueillait le contemporain de Tra-
jan.

Sans doute Marco Polo n'a pas été formé à la criti-
que moderne. Il ne distingue pas entre les traditions
qu'il rencontre et les reproduit avec la même complai-
sance. En cela même, il est utile, car aujourd'hui,
mieux informés, et pourvus de sûres méthodes, nous
pouvons démêler la part de vérité que contiennent
certaines légendes. En tout cas, lorsque Marco Polo,
et c'est ce qui arrive le plus souvent, parle de ce qu'il
a vu lui-même, il se montre scrupuleusement véridi-
que. Et il sait regarder. S'il décrit les hauts plateaux
du Thibet, il nous en montre d'un trait la solitude
immobile et le morne silence : « On n'y voit pas, dit-il,
voler d'oiseaux à cause du grand froid qui y règne ».
Cinq siècles plus tard, un explorateur anglais, le capi-

taine Wood, s'élevait à son tour jusqu'à ces hauts plateaux et les décrivait en ces termes : « L'aspect du paysage présentait l'image d'un hiver dans toute sa rigueur. Partout où le regard se portait, une couche éblouissante de neige couvrait le sol comme d'un tapis, tandis que le ciel au-dessus de nos têtes était d'une couleur sombre et désolante. Des nuages eussent reposé les yeux, mais il n'y en avait nulle part. Pas un animal vivant, pas même un oiseau ne se montrait dans l'air. Le silence régnait tout autour de nous, si profond qu'il oppressait le cœur ».

Ainsi les explorateurs modernes ont vérifié jusque dans le détail les affirmations de Marco Polo. Avec leurs découvertes, la renommée du Vénitien n'a cessé de grandir. A mesure que les mystères de l'Asie ont été pénétrés, et que d'autres voyageurs ont refait l'itinéraire suivi jadis par Marco Polo, on lui a rendu justice. Comme Hérodote, longtemps tenu pour légendaire et dont on reconnaît aujourd'hui la surprenante véracité, Marco Polo a dû aux découvertes modernes un renom mérité d'exactitude.

CHAPITRE IX

L'INFLUENCE DE MARCO POLO

Avant même que la science moderne eût porté témoignage en sa faveur, Marco Polo obtint en quelque mesure le crédit et l'influence auxquels il avait droit. Tandis que la plupart de ses lecteurs contemporains ne cherchaient dans ses récits que l'attrait du pittoresque et de la nouveauté, certains en démêlèrent l'importance scientifique. Dès le XIVe siècle, des cartes parurent qui représentaient, d'après la relation de Marco Polo, les contrées de l'Asie à l'orient du golfe de Persique ou au nord de l'Himalaya, et les côtes orientales d'Afrique. Pour la première fois, on dessina la Tartarie, le Japon, les îles de la Sonde et l'extrémité de l'Afrique. Des buts nouveaux furent proposés aux navigateurs. Tandis que certains s'efforçaient de doubler la pointe méridionale de l'Afrique, d'autres regardaient vers l'Asie. Marco Polo, qui la leur montrait prolongée considérablement vers l'Est, leur inspira l'idée d'y atteindre en faisant le tour du monde. Cherchant vers les riches contrées de l'Inde une voie plus facile et moins dangereuse que la voie terrestre, ils rêvèrent d'y aborder en cinglant directement vers l'Ouest. Ainsi les deux grandes découvertes du XVe siècle, celle du Cap de Bonne Espérance et celle du Nouveau-Monde, proviennent directement de Marco Polo.

Christophe Colomb, dans la relation de son premier voyage, déclare que son intention était de pénétrer dans les Indes et de trouver le Grand Khan dont les prédécesseurs avaient demandé à Rome des apôtres pour leur enseigner la religion. Visiblement, le souvenir de Marco Polo le domine. Cuba lui paraît être le Cipango (Japon) dont le voyageur vénitien a raconté l'invasion malheureuse par les armées de Khoubilaï. Colomb croit que le roi de cette île est en guerre avec le grand Khan et déclare qu'il fera tous ses efforts pour arriver jusqu'à ce prince.

Marco Polo avait donc donné l'impulsion aux grandes découvertes géographiques de la fin du XVe siècle. Peut-être aussi a-t-il contribué à l'invention de l'imprimerie. On sait que cet art existait en Chine depuis des siècles. Marco Polo l'a évidemment connu. Pourtant il n'en fait pas mention. Sans doute, craignait-il de se heurter à l'incrédulité de ses contemporains. N'oublions pas sa dernière parole : « Je n'ai pas écrit la moitié de ce que j'ai vu ».

Il aurait néanmoins rapporté de Chine des bois d'imprimerie et un Italien, Panfilio Castaldi, les ayant vus, aurait, vers la fin du XIVe siècle, employé l'imprimerie xylographique. Une tradition veut que Gutenberg, qui prit femme dans la famille vénitienne des Contarini (la coïncidence est remarquable) ait vu, à son tour, ces bois et, développant l'idée, ait abouti à sa découverte. La chose n'est sans doute pas prouvée, mais elle ne manque pas de vraisemblance.

Tandis que, grâce à son livre, l'influence de Marco Polo grandissait en Occident, son souvenir subsistait dans les contrées qu'il avait visitées. Les annalistes chinois mentionnent, nous l'avons vu, certains actes de son administration. Son buste fut placé dans le musée de Canton où l'on peut, aujourd'hui encore, le voir. Vénitien de naissance, Mongol d'adoption, Marco Polo fut le trait d'union entre deux mondes qui s'ignoraient. C'est là pour lui un titre de gloire qui ne s'effacera pas.

DEUXIÈME PARTIE
RÉCITS DE MARCO POLO

CHAPITRE PREMIER

BAGDAD ET LE CALIFE

Bagdad est une puissante cité où habitait le calife de tous les Sarrasins du monde, comme réside à Rome le Pape des chrétiens. A travers la ville court un grand fleuve qui, après dix-huit journées de navigation, mène à la mer des Indes. Une grande quantité de marchands y vont et viennent avec leurs marchandises. Ils s'arrêtent à une ville qui a nom Chisy (1), puis entrent dans la mer des Indes. Sur le fleuve, entre Badgad et Chisy, se trouve la ville de Bassorah.

Les bois qui l'entourent produisent les meilleures dattes du monde. A Bagdad se fabriquent des draps de soie et d'or. C'est la ville la plus illustre et la plus étendue de toutes ces régions.

En l'an 1255 du Christ, le seigneur des Tartares (2) du Levant, Houlagou, frère du grand Khan qui régnait alors, assembla une grande armée, vint assiéger Bagdad

(1) Il s'agit de la ville de Kio, dans l'île du même nom, à l'entrée du golfe Persique.
(2) C'est sous le nom de Tartares que Marco Polo désigne les Mongols.

et la prit de vive force. Ce fut un haut fait d'armes, car il y avait dans la ville plus de cent mille cavaliers, sans compter la foule des hommes à pied.

Après leur victoire, les vainqueurs trouvèrent une tour toute pleine d'or, d'argent et d'autres trésors qui appartenaient au calife. Jamais en aucun lieu ne furent rassemblées tant de richesses. Quand Houlagou les vit, il en fut émerveillé. Il fit amener devant lui le calife et lui dit :

— Calife, dis-moi pourquoi tu avais amassé si grand trésor ? Qu'en comptais-tu faire ? Ne savais-tu pas que j'étais ton ennemi et que je venais avec une grande armée pour t'enlever ton royaume ? Pourquoi n'as-tu pas puisé dans tes richesses afin de payer des chevaliers et des hommes d'armes qui t'eussent défendu, toi et ta ville ?

Le calife ne sut que répondre et garda le silence. Alors Houlagou lui dit : « Or ça, calife, puisque tu as amassé un tel trésor, je veux que tu manges ce qui t'appartient. »

Il le fit donc enfermer dans la tour du trésor, défendant qu'on lui donnât rien à manger ni à boire. « Calife, lui dit-il, mange de ton trésor autant que tu voudras, puisqu'il te plaisait tant, car jamais tu ne mangeras autre chose ».

Le calife vécut ainsi quatre jours et mourut misérablement. Certes mieux eût valu pour lui qu'il eût partagé son trésor entre des soldats qui eussent défendu sa personne et son royaume. Depuis sa mort, il n'existe plus de calife, ni à Bagdad, ni ailleurs.

3 — Chasse aux porcs-épics

CHAPITRE II

LE MIRACLE DU SAVETIER BORGNE

Je veux vous conter à cette occasion un grand miracle que Dieu fit à Badgad en faveur des chrétiens.

En l'an 1225 du Christ, régnait à Bagdad un calife qui haïssait les chrétiens. Jour et nuit il recherchait comment ceux qui habitaient son royaume, il pourrait les contraindre à devenir mahométans ou les faire mourir. Il examinait souvent la chose avec les prêtres de sa religion, malintentionnés, eux aussi, à l'égard des chrétiens. C'est d'ailleurs une vérité bien connue que tous les musulmans du monde veulent beaucoup de mal à tous les chrétiens du monde.

Le calife et ses prêtres s'avisèrent d'un passage de notre évangile, où il est dit qu'un chrétien, pourvu qu'il ait de la foi seulement gros comme un grain de sénevé, s'il ordonne à une montagne de se lever, la montagne se lèvera. Et certes cela est vrai. Quand le calife eut trouvé ce passage de l'évangile, il fut tout joyeux, croyant avoir enfin un moyen de faire abjurer les chrétiens ou de les mettre à mort. Il manda devant lui tous ceux qui habitaient son royaume et qui étaient très nombreux. Quand ils furent réunis, il leur montra l'évangile et leur fit lire ce texte :

— Est-ce la vérité ? demanda-t-il.

— Sans doute, répondirent les chrétiens.

— Nous allons, dit le calife, en faire l'épreuve. Parmi vous, qui êtes si nombreux, doit bien se rencontrer ce petit peu de foi : ou vous ferez remuer cette montagne que vous voyez là (et il leur en montra du doigt une qui était tout près), ou je vous ferai tous mourir de malemort. Si vous voulez échapper, faites-vous musulmans et obéissez à notre loi. Je vous accorde un délai de dix jours. Passé ce temps, si la montagne n'a pas remué, vous aurez à choisir entre la mort ou la conversion.

Ayant ainsi parlé, il les congédia.

Quand les chrétiens eurent entendu ces paroles, ils furent d'abord saisis d'une grande frayeur, puis bientôt se confièrent à Dieu leur créateur pour les tirer de ce péril extrême. Evêques, prêtres et fidèles, ayant tenu conseil, ne trouvèrent d'autre ressource que de se tourner vers Celui de qui vient tout bien, le suppliant qu'il les prît en pitié et les arrachât aux mains du cruel calife.

Ils passèrent huit jours en prières. Au bout de ce temps un évêque eut une vision. Un ange du ciel l'avertit qu'il fallait recourir à un savetier borgne. Dieu, dans sa bonté, exaucerait la prière de cet homme. Or sachez que ce savetier menait une vie droite : il jeûnait, ne commettait aucun péché, assistait à la messe chaque jour et chaque jour aussi prenait sur son gain de quoi donner aux pauvres pour l'amour de Dieu.

L'évêque, ayant eu cette vision à plusieurs reprises, en prévint les chrétiens. On fit venir le savetier et on lui dit que ce serait à lui de faire la prière exigée, que Dieu avait promis de l'accomplir si elle venait de lui. Mais on avait beau lui conter le songe de l'évêque, il s'excusait, protestant qu'il n'était point tel que l'on croyait. Pourtant, devant l'insistance de tous, il finit par promettre de faire ce que l'on désirait.

Le jour fixé par le calife arriva ; dès le matin, tous les chrétiens, hommes et femmes, petits et grands, au nombre de plus de cent mille, se levèrent et allèrent à l'église pour entendre la messe. La messe terminée, ils se dirigèrent tous ensemble vers la montagne ; ils allaient en procession, la précieuse croix devant eux, tous chantant et pleurant. Quand ils arrivèrent, ils trouvèrent le calife qui les attendait avec toute son armée de Sarrasins, prêts à les massacrer ou à recueillir leur abjuration, car de penser que Dieu pût exaucer leur prière, personne ne s'en avisait. Les chrétiens avaient une grande frayeur, néanmoins ils plaçaient leur espoir en Jésus-Christ, leur Dieu.

Alors le savetier demanda à l'évêque sa bénédiction, puis, à genoux devant la sainte croix, les mains levées vers le ciel, il commença à prier. « Seigneur Dieu tout puissant, je te conjure, au nom de ta miséricorde, que tu daignes faire cette grâce à ton peuple afin qu'il ne meure pas et que ta foi ne soit ni abattue ni avilie ni méprisée. Ce n'est pas que je sois digne de t'invoquer. Mais ta puissance et ta bonté sont si grandes que tu écouteras ma prière, moi qui suis ton serviteur plein de péchés. »

Ainsi fit-il sa prière et sa supplication à Dieu, le souverain Père par qui toutes grâces sont accomplies. Alors, sous les yeux du calife, des sarrasins et de tous les assistants, la montagne se leva et alla là où le calife avait ordonné aux chrétiens de la transporter. Tous furent saisis d'étonnement à la vue de ce miracle que Dieu avait accompli pour les chrétiens. Un très grand nombre de Sarrasins se firent chrétiens ; le calife lui-même se fit baptiser au nom du Père, du Fils et du Saint-Esprit mais il tint sa conversion secrète. Quand il mourut, on trouva une petite croix pendue à son cou. Aussi les Sarrasins ne voulurent-ils pas le mettre à côté des autres califes et l'ensevelirent à part.

Quant aux chrétiens, ils s'en retournèrent avec de grandes marques d'allégresse, rendant grâce au Créateur de ce qu'il avait fait pour eux.

CHAPITRE III

LES TROIS ROIS MAGES

La Perse est une vaste contrée qui fut autrefois renommée et puissante. Mais les Tartares l'on ravagée en maints endroits. Il s'y trouve une cité qui a nom Saba (1). Les trois Rois qui adorèrent Jésus venaient de cette ville ; ils y sont ensevelis dans trois sépulcres qui se touchent et dont chacun est surmonté d'une maison carrée. Les corps sont encore tout entiers : ils ont cheveux et barbe. Les rois s'appelaient Jaspar, Melchior et Balthazar. Messire Marco Polo demanda aux habitants de la ville ce qu'ils savaient de ces trois rois, mais personne ne put le renseigner. On savait seulement que c'étaient trois rois qui avaient été ensevelis là autrefois. Mais, à trois journées de marche, Marco Polo trouva un château appelé *Cala Ataperistan*, c'est-à-dire en français «Château des adorateurs du feu», le nom est bien celui qui convient, car les habitants adorent le feu et voici pourquoi. Ils racontent qu'autrefois les trois rois de cette contrée allèrent adorer un prophète qui venait de naître. Ils lui apportèrent trois offrandes : or, encens et myrrhe pour savoir si ce

(1) C'est la ville de Sarvah entre Rey et Hamadan. Les Mongols la prirent et la brûlèrent en 1220.

prophète était dieu, ou roi ou mire (1), (sauveur). S'il acceptait l'or, c'est qu'il serait roi, s'il acceptait l'encens c'est qu'il serait dieu ; s'il prenait la myrrhe, c'est qu'il serait mire.

Or, quand ils furent arrivés au lieu où était né l'enfant, le plus jeune des trois rois entra d'abord et le trouva semblable en âge à lui-même. Il sortit, tout émerveillé. Après lui, entra le roi qui était immédiatement plus âgé et, tout comme celui qui l'avait précédé, l'enfant lui parut semblable en âge à lui-même. Il sortit à son tour, se montrant, lui aussi, rempli d'admiration. Alors entra celui qui était le plus vieux et il en fut pour lui comme il en avait été pour les deux autres. Il sortit tout pensif. Les trois rois s'étant réunis se dirent l'un à l'autre ce que chacun avait vu, et leur étonnement grandit encore. Ils décidèrent d'entrer tous trois ensemble. Ce qu'ayant fait, l'enfant leur parut avoir l'âge qu'il avait réellement, c'est-à-dire treize jours. Alors ils l'adorèrent et lui offrirent l'or, l'encens et la myrrhe. L'enfant prit les trois offrandes et leur donna une boîte close. Puis les rois le quittèrent pour retourner en leur pays.

Après avoir chevauché plusieurs jours, ils voulurent voir ce que l'enfant leur avait donné. Ils ouvrirent donc la boîte et trouvèrent dedans une pierre. A cette vue, ils se demandèrent avec étonnement ce que ce présent pouvait signifier. Or voici quelle en était la signification : quand ils avaient remis à l'enfant leurs offran-

(1) Dans la langue du Moyen Age, *mire* signifie médecin.

des et qu'il les eût prises toutes trois, ils avaient compris alors qu'il était vraiment dieu, vraiment roi et vraiment sauveur. La foi était donc née à ce moment en leur âme; il fallait qu'elle y restât solide comme une pierre. C'est pourquoi l'enfant, qui connaissait leurs pensées, leur avait fait ce don. Mais eux, ne comprenant pas le symbole, jetèrent l'objet dans un puits. Aussitôt descendit du ciel une flamme ardente qui s'y enfonça.

Les trois rois, voyant ce miracle, se repentirent d'avoir jeté la pierre, car ils comprirent alors le symbole dans sa grandeur et son excellence. Ils prirent donc de ce feu et l'emportèrent dans leur pays où ils le mirent dans un temple richement orné. Là on l'entretient et on l'adore comme un dieu. Tous les sacrifices que font les habitants, ils les font consumer dans ce feu. Et si parfois il le laissent s'éteindre, ils s'en vont dans les cités voisines qui partagent leur foi, se font donner de leur feu et le rapportent en leur temple. Telle est la raison pour laquelle les gens de cette contrée adorent le feu. Et certaines fois ils vont jusqu'à dix journées de marche pour en trouver.

Voilà ce que racontèrent à Messire Marco Polo les habitants de ce château et ils lui affirmèrent avec serment que les choses s'étaient bien passées comme ils le disaient (1). Ils ajoutèrent que l'un des trois rois régnait dans une cité du nom de Saba, un autre à Awah et le troisième dans ce château où l'on adorait le feu.

(1) On voit que Marco Polo, non sans raison, leur laisse la responsabilité de ce récit.

CHAPITRE IV

LE GOLFE PERSIQUE

Quand on descend de la Perse vers le Sud, après avoir traversé pendant cinq jours un plateau, on rencontre une autre descente qui dure bien vingt milles et qui est très pénible et peu sûre, car il y a de mauvaises gens et des voleurs. Une fois hors de cette vallée, on trouve une plaine spacieuse, avec des rivières, des dattes et toutes sortes de fruits. Le pays est peuplé d'oiseaux magnifiques et inconnus dans nos climats. Quand on a chevauché deux jours, on aperçoit la mer océane. Sur le rivage se trouve la cité d'Hormoz. Les marchands y viennent des Indes avec leurs vaisseaux chargés d'épices, de pierres précieuses, de fourrures, d'étoffes de soie et d'or, de dents d'éléphants et d'autres denrées. Les marchands installés dans la ville achètent toutes ces choses et c'est par eux qu'elles se répandent à travers le monde. Hormoz est donc le centre d'un immense trafic. Le soleil y fait régner une chaleur excessive. On y fabrique un vin de dattes relevé d'épices. Il est de goût excellent. Quand on en boit pour la première fois, il purge, mais on s'en trouve ensuite fort bien et il fait engraisser. Quand les habitants sont malades, ils mangent de la viande et du pain de froment. S'ils en mangeaient lorsqu'ils sont bien portants, ils tomberaient malades. Leur nourriture habituelle se compose de dattes, de poisson salé, de citrons et de ciboule ; elle les maintient en santé.

Leurs navires sont très mal faits : beaucoup périssent parce que les planches n'en sont pas jointes avec des clous de fer, mais sont cousues avec du fil que fournit l'écorce de la noix de coco. Ce fil ne se corrompt pas au contact de l'eau de mer, mais il ne résiste pas à la première tempête, et il s'en élève de très violentes dans ces mers. Les navires portent un mât, une voile et un timon. Quand ils sont chargés, on recouvre la cargaison de cuir et on met dessus les chevaux qu'on va vendre aux Indes.

Les habitants sont basanés. Ils adorent Mahomet. Ils ne demeurent pas dans les villes, à cause de la grande chaleur qui y règne et qui les ferait tous mourir : ils vont dehors, dans les jardins où il y a de l'eau et des rivières. Malgré tout ils ne résisteraient pas s'ils n'usaient d'un moyen que je vais vous dire.

Pendant l'été, du désert de sable qui entoure cette plaine, souffle parfois un vent siextra ordinairement chaud qu'il les ferait mourir, mais, dès qu'ils le sentent venir, ils entrent dans l'eau jusqu'au cou et n'en sortent que lorsque le vent a cessé.

On sème le froment et l'orge et les autres céréales en novembre. On les récolte en mars. Il n'y a point de fruits en dehors des dattes qui durent jusqu'au mois de mai. La grande chaleur dessèche tout. Pour protéger les navires, on les enduit d'huile de poisson.

Les habitants du pays, lorsque l'un d'eux vient à mourir, font un deuil de quatre ans. Pendant tout ce temps, au moins une fois chaque jour, ils se rassemblent, parents, amis et voisins du défunt. Ils poussent de grands cris et versent d'abondantes larmes.

CHAPITRE V

LA PLAINE DE L'ARBRE-SEC

Ne continuons pas maintenant vers les Indes, mais, remontant au Nord, regagnons la Perse. Après avoir traversé pendant sept jours un désert où l'on ne trouve qu'une eau amère et verte, on atteint la cité de Khébis. Ses habitants adorent Mahomet. Ils tirent de la terre une substance qu'on appelle *totie* et qui est très bonne pour les yeux.

Après Khébis, on rencontre un autre désert qui a bien huit jours de marche. Il n'y pousse ni fruits ni arbres, les eaux sont amères et mauvaises. On entre ensuite dans une contrée qui a nom Tonocain (1) et qui limite au Nord, le royaume de Perse. Là s'étend une plaine immense où s'élève l'Arbre-Sec. Cet arbre est grand et gros ; son écorce est verte d'un côté et, de l'autre, blanche ; il produit des fruits semblables aux châtaignes mais vides en dedans. Son bois est jaune et très dur (2). Pour trouver un autre arbre, il faut parcourir plus de cent milles vers le Sud et plus de dix milles vers le Nord. Les habitants disent que dans cette plaine Alexandre livra bataille au roi Darius.

(1) C'est le Kurdistan.
(2) A la description que fait Marco Polo, on reconnaît le platane.

CHAPITRE VI

LE VIEUX DE LA MONTAGNE

Mulette, c'est-à-dire en français dieu terrestre, est une contrée où le Vieux de la Montagne demeurait autrefois. Je vous conterai son histoire telle que messire Marco Polo l'entendit conter par les habitants. Dans leur langue, ils l'appelaient Aloadin (1). Il avait fait clore entre deux montagnes, en une vallée, le plus grand et le plus beau jardin qu'on ait jamais vu. Ce jardin était rempli de tous les fruits du monde : on y trouvait les plus belles maisons et les plus beaux palais, tous dorés et revêtus de superbes ornements. Des canaux circulaient pleins de vin, de lait, de miel, d'eau ; des dames et demoiselles de grande beauté jouaient de toutes sortes d'instruments et chantaient merveilleusement : elles dansaient si bien que c'était un charme de les voir. Le Vieux disait à qui voulait l'entendre que ce jardin était le Paradis. Il l'avait, en effet, aménagé sur le modèle du Paradis de Mahomet, plein de ruisseaux de vin, de lait, de miel et d'eau et peuplé de houris. Aussi, dans son entourage, personne ne doutait que ce fût là le Paradis.

Il en réservait l'accès à ceux dont il voulait faire

(1) Ab-ed-din Mohammed, chef des Ismaéliens, régna de 1220 à 1255.

des assassins. A l'entrée, se dressait un château inexpugnable qu'il fallait traverser pour pénétrer au jardin, c'est là que le Vieux tenait sa Cour; il y élevait des enfants de douze ans qui se destinaient à la carrière des armes. Il leur décrivait le Paradis, tel que Mahomet le représente et ces enfants le croyaient.

Il leur faisait ensuite boire un breuvage qui les endormait, puis, par petits groupes, on les prenait et on les transportait dans le jardin.

A leur réveil, ils étaient convaincus, se voyant en si beau lieu, de se trouver au paradis.

Quand le Vieux avait besoin d'un assassin pour l'envoyer quelque part, il faisait verser du breuvage à un de ceux qui étaient dans son jardin et le faisait transporter endormi dans son palais. Le dormeur, à son réveil, se trouvait hors du paradis, dans le château. Sa surprise et son affliction étaient extrêmes. Alors le Vieux le mandait en sa présence : le jeune homme se prosternait profondément, convaincu qu'il était devant un vrai prophète. Le Vieux lui demandait d'où il venait. L'autre répondait qu'il sortait du paradis, qui était bien tel que Mahomet le dit dans sa loi. Ceux des assistants qui n'avaient jamais vu le paradis éprouvaient grand désir d'y aller.

Lorsque le Vieux voulait faire tuer un grand personnage, il disait à ces jeunes hommes : « Allez et tuez telle personne : quand vous serez de retour, je vous ferai porter par mes anges en paradis. Ils vous y transporteront aussi si vous mourez dans votre mission. » Tous le croyaient et exécutaient l'ordre sans s'inquiéter du danger, tant était grand leur désir de retourner au paradis. Le Vieux faisait ainsi tuer tous ceux dont il ordonnait la mort. Aussi inspirait-il aux princes une très grande terreur et ils lui payaient tribut pour avoir avec lui paix et amitié.

En l'an 1252 du Christ, Houlagou, chef des Tartares orientaux, ayant entendu parler de la grande scélératesse du Vieux, résolut de le détruire. Il confia à un de ses barons une puissante armée et l'envoya assiéger le château. Le siège dura trois ans. Si la garnison eût eu de quoi manger, jamais la place n'eût succombé. Mais, au bout de trois ans, les vivres manquèrent ; les défenseurs se rendirent. Le Vieux et tous les siens furent mis à mort.

CHAPITRE VII

BALAC ET LA PERSE ORIENTALE

Après avoir chevauché pendant six jours à travers de belles plaines, où abondent les pâturages et toutes sortes de plantes, on traverse un désert de soixante milles où il n'y a point d'eau. Alors on atteint la ville de Sapurgan (1). La contrée qui l'entoure est très fertile. On y trouve en grande quantité les meilleurs melons du monde. Les gens du pays les font sécher en les ouvrant et en les mettant au soleil. Quand ils sont secs, ils sont doux comme miel. On en vend dans toute la région.

Balac est une ville fameuse et très étendue, elle l'était plus encore autrefois (2). Mais les Tartares l'ont pillée et saccagée. On y trouve de beaux palais et de belles maisons de marbre. C'est dans cette ville, au dire des habitants, qu'Alexandre épousa la fille de Darius. Elle marque la limite orientale du royaume de Perse.

(1) Chebour kan.
(2) C'est l'ancienne capitale de la Bactriane.

CHAPITRE VIII

LE TURKESTAN

En quittant Balac, si l'on va par Est-Nord-Est, on chevauche douze jours à travers une contrée déserte où ne vivent que des aigles, des lions et des animaux sauvages. On arrive alors à une ville qui a nom Taican (1) et qui est un grand marché de blé. Le sol est très fertile et vers le sud il y a de hautes montagnes qui sont faites de sel. Tous les habitants, à plus de trente journées alentour, viennent chercher de ce sel, qui est excellent. Il est si dur qu'on ne le peut tailler qu'avec des pics de fer et il est en si grande abondance qu'il suffirait aux besoins de toute la terre jusqu'à la fin du monde.

Quand on part de cette ville, en chevauchant trois jours par Est-Nord-Est, on rencontre de très belles terres couvertes de moissons et très peuplées. On y peut acheter de tout et il y a des vignes en abondance. Les habitants adorent Mahomet : ils pratiquent la rapine et le meurtre. Ils ont d'excellentes boissons et principalement du vin cuit. Ce sont buveurs acharnés et qui volontiers s'enivrent. Ils portent sur la tête une corde longue de dix paumes dont ils se ceignent le

(1) Thaïkan, ville de Turkestan.

4 — Mort de Gengis-Khan.

front. Ils sont excellents chasseurs et prennent force bêtes sauvages. Ils ont pour tout vêtement les peaux des bêtes qu'ils capturent : et chacun d'eux sait préparer lui-même le cuir pour en faire vêtements et chaussures.

Quand on a ainsi chevauché trois jours, on trouve une ville qui a nom Casem (1) et qui est dans un pays de montagne. Un grand fleuve la traverse. Les porcsépics y foisonnent et sont de grande taille. Quand les chasseurs les attaquent avec des chiens, ils se rassemblent, puis une fois rassemblés, rentrent en boule et, dardant contre les chiens les épines qu'ils portent sur leur dos, ils leurs font de profondes blessures.

En la province de Balarian (2) naissent les rubis balais qui sont de très belles pierres et de grande valeur. On les trouve dans des rochers, après avoir creusé sous terre profondément, comme dans les mines d'argent. Ils n'existent que dans une seule montagne qui a nom Sygnina. Le roi fait creuser ces mines pour lui seul : qui oserait en ouvrir serait aussitôt mis à mort. Nul ne peut non plus faire sortir les rubis du royaume. Le roi les amasse tous et les envoie à d'autres rois soit pour s'acquitter d'un tribut, soit en témoignage d'amitié. Il en vend aussi contre or et argent. Il prend ces précautions pour que les rubis conservent leur valeur, car s'il laissait chacun en chercher librement, on en extrairait tant que le monde en serait plein et qu'ils ne seraient plus estimés. Aussi le

(1) Kechem.
(2) Balahchan.

roi ne fait-il ouvrir qu'un petit nombre de mines qui sont surveillées étroitement.

Dans une autre montagne de cette contrée on trouve la Pierre d'Azur (1). Elle est très pure et existe en filon comme l'argent. Des montagnes voisines produisent l'argent en abondance. Aussi cette contrée est très riche. Elle est aussi très froide. Sachez encore qu'il y naît de très bons chevaux qui sont d'une vélocité merveilleuse : on ne leur met pas de fers aux pieds ; ils vont ainsi par les montagnes et par de bien mauvais chemins. Dans les montagnes de ce pays naissent aussi des faucons sacrés, qui sont très bons et de haut vol, et des faucons laniers. Oiseaux et bêtes sauvages foisonnent. Le froment est bon et l'orge, sans écorce. L'huile d'olive manque, mais il y a de l'huile de sésame et de noix.

Le pays est plein de défilés très étroits et d'accès très difficile ; aussi les habitants ne redoutent-ils aucune agression. Leurs villes sont construites en montagnes et dans des lieux escarpés. Ce sont de grands chasseurs adroits à tirer de l'arc.

(1) C'est le lapis-lazuli.

CHAPITRE IX

LE MIRACLE DE SAMARCAN

Samarcan (1) est une ville très grande et très renommée. Les habitants en sont chrétiens ou mahométans. Ils appartiennent à un neveu du grand Khan, nommé Caïdou, qui déteste son oncle. Je vais vous dire une grande merveille qui advint en cette cité.

Il n'y a pas encore longtemps, Sigatay (2), parent du grand Khan, qui était seigneur de cette contrée et de plusieurs autres, se fit baptiser. Les chrétiens, en eurent grande joie et bâtirent dans la ville une église en l'honneur de Saint Jean-Baptiste. Ils prirent une très belle pierre qui appartenait aux musulmans et la placèrent comme socle d'une colonne qui soutenait le toit, au milieu de l'église. Or il advint que Sigatay mourut. Les sarrasins n'avaient pas cessé de regretter la pierre qui leur avait appartenu. Ils se dirent alors que le moment était venu de la recouvrer de gré ou de force. Ils pouvaient le faire, car ils étaient bien dix contre un. Ils se rassemblèrent donc, s'en furent à l'église des chrétiens et dirent que, de toutes façons, ils voulaient reprendre la pierre. Les chrétiens, recon-

(1) Samarkand, capitale de la Soghdiane. C'est là qu'Alexandre tua Clitus. Tamerlan en avait fait sa capitale. On y trouve son tombeau.
(2) Dchagataï, second fils de Gengis-Khan.

naissant leur droit, leur offrirent une grande somme d'argent, mais les sarrasins répondirent que tout l'or du monde ne les ferait pas changer d'avis. Le seigneur fut mis au courant. Se conformant à la loi, il invita les chrétiens à se mettre d'accord avec leurs adversaires ou à restituer la pierre. Il leur donna trois jours pour s'exécuter.

Que vous dirai-je ? Les musulmans savaient que si la pierre était enlevée, l'église s'écroulerait. Ils s'obstinèrent donc par haine des chrétiens. Ceux-ci ne sachant que faire se tournèrent vers plus sage qu'eux-mêmes : ils prièrent Jésus-Christ de les conseiller dans cette extrémité. Quand expira le délai des trois jours, ils trouvèrent, au matin, la pierre retirée, la colonne continuait à soutenir la charge et son pied, suspendu dans le vide, restait aussi fort que quand il s'appuyait sur la pierre. Il y avait bien, entre la colonne et le sol, un espace de trois paumes. Les musulmans reprirent leur pierre de très mauvais gré. Ce fut un très grand miracle et qui dure encore, car la colonne est suspendue et le restera tant que Dieu voudra.

CHAPITRE X

LE DÉSERT DE GOBI

Lop est une grande ville située à l'entrée d'un désert qu'on appelle le désert de Lop (1). Elle appartient au grand Khan, et ses habitants adorent Mahomet. Les voyageurs se reposent dans la ville une semaine pour se rafraîchir eux et leurs bêtes. Et puis, emportant un mois de vivres, ils entrent dans le désert. Il est si vaste, assure-t-on, que, là où il est le plus large on ne pourrait en toute une année chevaucher d'une extrémité à l'autre. Là où il est le moins large, on met un mois à le traverser. Ce ne sont que monts et vallées de sable, où l'on ne trouve rien à manger. Quand on a chevauché un jour et une nuit, on rencontre de l'eau douce, assez pour suffire à cinquante ou cent personnes avec leurs bêtes ; il n'y en aurait pas assez pour une plus grande troupe. Il y a, dans toute la traversée vingt-huit points d'eau douce, et quatre points d'eau amère et mauvaise.

Quand on chevauche de nuit dans ce désert, il arrive qu'un voyageur reste en arrière et s'écarte pour dormir ou pour tout autre motif. Quand il veut rejoindre la caravane, il entend des voix qui lui semblent être

(1) C'est le désert que nous appelons désert de Gobi, par pléonasme, *Gobi* signifiant en mongol *désert*.

celles de ses compagnons. Parfois elles l'appellent par son nom : il change ainsi de direction à plusieurs reprises et finit par s'égarer complètement. De nombreux voyageurs ont péri de cette manière. Je vous dis que, même de nos jours, ces voix ont été entendues. D'autres fois, on entend jouer des instruments de musique, particulièrement du tambour (1).

(1) M. Panthier rapporte un grand no mbre de faits et notamment le témoignage du capitaine anglais Wood qui établissent la réalité des phénomènes extraordinaires signalés par Marco Polo.

CHAPITRE XI

LES IDOLES DE TANGUT

Après avoir chevauché trente jours dans ce désert, on atteint une cité qui est appelée Saciou (1) et qui est au grand Khan. La province s'appelle Tangut (2). Elle est peuplée d'idolâtres : on y trouve quelques chrétiens nestoriens et quelques musulmans. Il y a là force abbayes et monastères emplis d'idoles variées que les indigènes entourent de respect et de dévotion.

Tous ceux qui ont des enfants élèvent un mouton consacré à un dieu.

Au nouvel an ou à la fête du dieu, ils sacrifient l'animal et le mangent avec leurs enfants devant l'idole. Puis ils font cuire d'autres moutons qu'ils apportent en grande pompe aux pieds du dieu. Ils les y laissent, pendant qu'ils prient pour attirer sur leurs enfants, sa protection. Ils prétendent que l'idole mange la substance de la chair. Après quoi, prenant les moutons, ils les remportent chez eux, et en font un grand festin avec leurs parents. Après avoir mangé la chair, ils recueillent les os et les serrent bien soigneusement dans un meuble

Sachez que tous les idolâtres du monde font brûler

(1) Cha-Tcheou, aujourd'hui Tun-houang.
(2) Thang-chou.

les corps des défunts. Ils les portent en cérémonie au bûcher. Au milieu du chemin que doit suivre le cortège, les parents du mort construisent un édifice en bois qu'ils recouvrent d'étoffes d'or et de soie. Lorsque le corps passe à cet endroit, le cortège s'arrête et l'on répand en abondance du vin, de la viande et d'autres aliments. On prétend que le mort recevra semblable accueil dans l'autre monde. Quand on est arrivé là où le corps doit être brûlé, les parents découpent dans du parchemin et du papier des figures d'hommes, de chevaux et de chameaux ainsi que des ronds en forme de monnaie ; ils brûlent tous ces objets avec le cadavre. Ils assurent que, dans l'autre monde, le mort aura avec lui esclaves, bêtes et richesses, autant qu'on aura brûlé de figures en papier. Devant le corps vont sonnant tous les instruments de la ville.

Sachez que ces gens ne feraient pas brûler le cadavre sans avoir demandé à leur astrologues quel jour sera bon pour la cérémonie. Quelquefois ils conservent le cadavre six mois, tantôt plus, tantôt moins, suivant que l'astrologue leur a dit par son art. A cet effet, ils fabriquent une caisse avec des planches bien jointes. Ils la peignent soigneusement et la recouvrent de belles étoffes : ils placent dedans une grande quantité de camphre et d'autres épices pour que le cadavre ne sente point. Chaque jour, tant qu'ils le gardent, ils mettent devant le mort une table chargée de viandes. Ils disent que l'âme vient, mange et boit ; aussi laissent-ils la table, pendant le temps que dure un repas. Ainsi font-ils chaque jour. Parfois leurs devins les entraînent à des superstitions plus étranges encore et leur disent qu'il n'est pas bon de sortir le corps par la porte. En ce cas, il pratiquent une ouverture dans le mur et y font passer le cadavre pour le conduire au bûcher. Ces pratiques sont communes à tous les idolâtres de ces contrées.

CHAPITRE XII

LA SALAMANDRE

Chingin-talas (1) est une autre province située à la sortie du désert entre Nord et Nord-Ouest. Elle est au grand Khan et peuplée d'idolâtres avec quelques musulmans et quelques chrétiens nestoriens. Elle contient une montagne dans laquelle se trouve une matière dont on tire la salamandre, car la salamandre n'est pas un animal comme on le dit en nos pays, mais elle sort de la terre comme vous l'allez ouïr.

C'est une vérité connue de tous que, par nature, il n'existe aucun animal qui puisse vivre dans le feu, puisque tout animal est fait des quatre éléments. Or moi, Marco Polo, j'avais un compagnon turc qui avait nom Surficar et était très sage. Cet homme me raconta comment il était resté trois ans dans cette contrée et y avait fait extraire des salamandres pour le grand Khan. Il dit qu'en creusant la montagne on y rencontre une matière que l'on recueille et que l'on brise en morceaux : à l'intérieur apparaissent comme des fils de laine que l'on fait sécher. Une fois secs, on les jette dans de grands moules de fer, et on les lave de façon à les débarrasser de toute impureté, puis on les

(1) Sai-yin-tala dans le Thian-Chan-pé-lou, province de Kan-sou.

file et on en fait des toiles. A ce moment, ces toiles ne sont pas blanches, mais on les met dans le feu et, quand on les retire, elles sont blanches comme neige. Chaque fois qu'elles se salissent, on les place devant le feu et elles redeviennent blanches.

Telle est la vérité sur la salamandre. Tous les habitants de cette région racontent ainsi les faits; qui les dirait autrement, ce serait bourde et fable. Sachez qu'à Rome il existe une de ces toiles que le grand Khan a envoyée au Pape comme un très beau présent, pour y déposer le saint suaire de Jésus-Christ.

CHAPITRE XIII

Gengis Khan et le prêtre-Jean

Caracoron (1) est la première ville que les Tartares conquirent quand ils sortirent de leur pays. Et je vous dirai comment ils fondèrent leur empire.

Les Tartares habitaient au Nord-Est de la Ciorcia (2) Cette région forme une vaste plaine où il n'y a ni maisons ni villes ; on y trouve de bons pâturages, de grands fleuves, des eaux abondantes : en somme c'est une contrée très belle. Les Tartares y vivaient sans chef. Ils payaient seulement tribut à un seigneur qu'ils nommaient en leur langage un Khan, ce qui veut dire en français, Prêtre Jean. C'était le Prêtre Jean dont tout le monde vante le vaste empire. Le tribut qu'il recevait d'eux, c'était une bête sur dix ; il prélevait. aussi la dîme de tous leurs biens.

Il advint que les Tartares se multiplièrent extrêmement. Quand le Prêtre Jean les vit si nombreux, il craignit une révolte et résolut de les disperser en plusieurs contrées. Il envoya à cet effet un de ses barons. Mais les Tartares, au lieu d'obéir, partirent tous ensemble de leur pays et s'en allèrent à travers des contrées désertes, vers le Nord, si bien que le

(1) Capitale du premier empire mongol, aujourd'hui disparue.
(2) Mandchourie.

Prêtre Jean ne pouvait plus les atteindre. Ils cessèrent de reconnaître son autorité et de lui payer tribut.

En l'an 1187 du Christ, les Tartares prirent pour roi un des leurs nommé Gengis-Khan. C'était un homme de grande valeur, de grand sens et de grande prouesse. Quand il fut élu roi, tous les Tartares du monde, l'ayant appris, se rassemblèrent autour de lui. Il tenait très bien sa seigneurie. Que vous dirai-je ? Il vint tant de Tartares que c'était merveille. Quand Gengis-Khan vit tant d'hommes sous ses ordres, il les munit d'armes et s'empara des contrées voisines dont il forma huit provinces. Lorsqu'il avait conquis un pays, il ne faisait aucun mal aux habitants ni aucun dommage à leurs biens, il laissait parmi eux une partie de ses hommes et emmenait le reste vers d'autres conquêtes. Les habitants des régions soumises se voyant protégés par lui contre toute agression et traités avec une grande douceur, consentaient volontiers à le suivre et lui étaient très fidèles. A la fin, il avait rassemblé tant d'hommes que toute la terre en était couverte.

Il songea alors à conquérir une grande partie du monde et envoya des messagers au Prêtre Jean. Ce fut l'an 1200 du Christ. Il lui manda qu'il désirait épouser sa fille. Quand le Prêtre Jean entendit que Gengis-Khan demandait sa fille pour femme, il éprouva un dépit extrême et dit aux messagers : « Comment votre maître n'a-t-il pas honte de demander ma fille pour femme ? Il sait bien qu'il est mon homme et mon serf. Retournez vers lui et lui dites que je ferais brûler ma fille plutôt que de la lui donner pour femme. Il mérite que je le fasse mourir puisqu'il est traître et déloyal envers moi, son seigneur. » Il dit ensuite aux messagers de partir sur le champ et de ne jamais revenir devant lui. Ils obéirent et allèrent tant qu'ils revinrent à leur maître. Ils lui contèrent tout ce que le Prêtre Jean lui mandait, sans en rien cacher.

Quand Gengis-Khan sut le grand affront que lui avait fait le Prêtre Jean, son cœur fut si gonflé de colère qu'il faillit en éclater, car c'était un homme de trop noble rang. Il put enfin parler et, d'une voix si élevée que tous les assistants l'entendirent, il déclara qu'il ne garderait pas la royauté s'il ne tirait de l'affront que lui avait fait le Prêtre Jean la réparation la plus éclatante. Jamais injure ne serait si chèrement payée. Bientôt il ferait voir à son insulteur s'il était son serf.

Aussitôt, convoquant ses guerriers et ses fidèles, il fit les plus grands préparatifs qui jamais furent vus et avertit le Prêtre Jean d'avoir à se défendre. Quand celui-ci sut que Gengis-Khan marchait contre lui avec une si puissante armée, il crut que c'était fanfaronade et forfanterie, car il disait que son adversaire n'était pas un homme d'armes. Toutefois il mit sur pied son armée et convoqua tous ses gens ; il faisait de grands préparatifs dans le dessein, si Gengis-Khan venait, de s'emparer de lui et de le mettre à mort. Sachez qu'il réunit une si grande armée de toutes sortes de soldats étrangers que ce fut la plus grande merveille du monde.

De cette manière, l'un et l'autre firent leurs préparatifs. Pourquoi vous ferais-je un long récit ? Gengis-
Khan, avec toute son armée, s'en vint dans une plaine
très vaste qui a nom Tanduc et qui appartenait au
Prêtre Jean. Il y établit son camp et telle était la
multitude de ses soldats que lui-même n'en savait
pas le nombre. On lui apprit que le Prêtre Jean approchait ; il fut tout joyeux de cette nouvelle, car le lieu
était très propre à livrer bataille. Il résolut, donc de
s'arrêter là et il attendait avec impatience son adversaire.

Celui-ci, à la tête de ses soldats, était de son côté
arrivé dans cette plaine de Tanduc. Il plaça son camp
à vingt milles de celui de Gengis-Khan. Pendant deux
jours, les deux armées se reposèrent afin d'être plus
fraîches et plus ardentes à la bataille.

Gengis-Khan fit venir devant lui des astrologues
chrétiens et musulmans. Il leur demanda qui remporterait la victoire, de lui ou du Prêtre Jean. Les musulmans cherchèrent mais ne surent pas dire la vérité. Les
chrétiens, eux, la dirent et la prouvèrent. Prenant une
tige de bambou, ils la coupèrent par le milieu. Sur l'un
des morceaux ils écrivirent : Gengis-Khan ; sur l'autre :
Prêtre Jean. Ils dirent au prince : « Regardez et vous
allez connaître avec certitude qui dans cette bataille
doit avoir le meilleur : celui qui montera sur l'autre,
celui-là doit gagner la bataille. »

Après quoi, ils récitèrent un psaume et firent d'autres prières. Aussitôt, à la vue de tous, le bambou où
était le nom de Gengis-Khan, rejoignit, sans que per-

sonne y touchât, celui du Prêtre Jean et monta dessus. Quand le prince vit ce prodige, il en ressentit très grande joie et depuis lors honora les chrétiens et les tint pour hommes de vérité.

Après que les deux armées se furent reposées pendant deux jours, elle prirent les armes. Ce fut la plus terrible rencontre qui eût jamais été vue. Il périt beaucoup d'hommes de part et d'autre. Mais à la fin Gengis-Khan remporta la victoire et le Prêtre Jean fut tué. Après cette bataille, Gengis-Khan régna encore six ans. Il les employa à soumettre maintes provinces, maintes cités, maints châteaux forts. Au bout de six ans, il alla assiéger une place nommée Calatuy ; là, il fut blessé d'une flèche au genou et mourut de sa blessure. Ce fut une grande perte, car il était vaillant et sage.

Je vais maintenant vous parler des successeurs de Gengis-Khan et vous conter les usages des Tartares.

5 — Chasse du Grand Khan

CHAPITRE XIV

MŒURS DES TARTARES

Sachez qu'après Gengis-Khan qui fut le premier roi des Tartares, régna Cuy-Khan ; le troisième souverain fut Batuy-Khan ; le quatrième Alacou-Khan, le cinquième Mongu-Khan, le sixième est Koubilaï-Khan (1) qui règne actuellement. Il est plus puissant que ses prédécesseurs : quand même tous les cinq se seraient mis ensemble, leur puissance aurait été moindre que n'est la sienne. Je vous dirai davantage : si tous les chrétiens du monde, leur empereur et leurs rois, s'unissaient et, avec eux, les musulmans, tous ensemble n'égaleraient pas la puissance de ce Koubilaï qui règne sur tous les Tartares du monde, sur ceux de l'Est et sur ceux de l'Ouest. Tous sont ses sujets. Cette grande puissance, je vous la montrerai très clairement dans mon livre.

Sachez que tous les grands Khans et tous ceux qui sont descendus de leur ancêtre Gengis-Khan, sont ensevelis dans une montagne qui s'appelle l'Altaï.

En quelque endroit que le grand Khan meure, il est enseveli dans cette montagne avec les siens. Serait-il à

(1) Koubilaï, en chinois Chi-Tsou, *l'ancêtre des générations*, régna de 1260 à 1294.

cent journées de marche, on transporterait son corps pour l'ensevelir dans cette montagne.

Je vous dirai une chose surprenante. Tous ceux que le cortège funèbre rencontre sont mis à mort : « Allez, leur dit-on, allez servir votre maître dans l'autre monde. » Les Tartares croient véritablement qu'il en est ainsi. Quand le roi meurt, on tue son meilleur cheval, pour qu'il le retrouve dans l'autre vie. En vérité, je vous dis comme chose certaine qu'à la mort de Mongu-Khan, plus de vingt mille personnes qui s'étaient trouvées sur le passage du cortège furent mises à mort.

Puisque j'ai commencé à parler des Tartares, je vous en dirai autre chose. Ils passent l'hiver dans la plaine, où leurs troupeaux ont de l'herbe en abondance ; l'été, ils recherchent des lieux plus frais, des montagnes et des vallées, où ils trouvent de l'eau, de l'ombre et des pâturages. Ils ont des maisons de branches d'arbre qu'ils recouvrent de cordes : elles sont rondes et ils les transportent avec eux là où ils vont, car ils lient les branches avec tant d'adresse et d'ordre que le transport en est commode. Toutes les fois qu'ils dressent leurs maisons, ils en tournent la porte vers le midi. Ils ont des charriots couverts de feutre que la pluie ne pénètre pas : ils les font traîner par des bœufs et des chameaux. Ils y placent leurs femmes et leurs enfants. Les femmes achètent et vendent ; elles fabriquent tout ce qui est nécessaire pour leurs maris et leurs ménage. Les hommes ne s'occupent que de chasser, d'oiseler et de guerroyer, comme des **gentils**-

hommes. Ils vivent de viande, de lait et de fromage ; ils mangent toutes sortes de viandes, même celle des chevaux, des chiens et des rats, car leur pays est plein de trous à rats.

Ils ont un dieu à eux, qu'ils appellent Nacigay. C'est disent-ils, le dieu de leur terre, qui garde leurs enfants, leurs troupeaux, leurs récoltes. Chacun en possède dans sa maison une image faite d'étoffe et de lin ; ils représentent de la même façon son épouse et ses enfants. Quand ils mangent, ils prennent de la viande et en frottent la bouche de leurs idoles. Ils répandent ensuite du bouillon devant la porte. Ils assurent qu'ainsi leur dieu et sa famille ont leur part du repas.

Ils boivent du lait de jument qui est semblable à du vin blanc et agréable à boire. Ils appellent ce breuvage koumis. Leurs vêtements sont le plus souvent faits avec des étoffes d'or et de soie; ils les garnissent richement de plumes, de zibeline, d'hermine, de vair et de renard. Leur équipement est très beau et de grande valeur. Pour armes, ils ont arcs, flèches, épées et haches, mais ils se servent surtout de l'arc. Ce sont les meilleurs archers qui existent. Ils portent des armures de cuir bouilli qui sont très résistantes. Ils sont bons hommes d'armes et se conduisent vaillamment à la bataille. Ils supportent mieux la fatigue qu'aucun autre peuple. Souvent, en cas de besoin, ils iront un mois sans emporter de viande, ne vivant que de lait de leurs juments et de la chair des bêtes qu'ils auront tuées avec leurs flèches. Leurs chevaux paissent l'herbe des champs ; ainsi n'ont-ils pas besoin d'emporter orge, paille ou avoine. Ils sont très obéissants à leurs chefs. Ils peuvent passer toute une nuit à cheval, en armes, ce qui n'empêche pas leur chevaux de paître. C'est la nation du monde la plus endurcie à la peine, à la fatigue et qui exige le moins de dépenses. Aussi personne ne les égale pour conquérir terres et royaumes. Il y paraît bien, ainsi que vous l'avez déjà vu et le verrez encore en ce livre, car ils sont certainement maîtres de la plus grande partie du monde.

Voici comment ils sont organisés. Quand un seigneur tartare se rend à l'armée, il emmène avec lui cent mille hommes à cheval. Il place un chef à la tête de chaque dizaine, de chaque centaine, de chaque millier et de chaque dizaine de milliers. De la sorte, lui-même n'a à commander que dix hommes : et ces dix hommes n'ont à commander chacun que dix autres. Chacun obéit à son chef si bien et avec tant d'ordre que c'est merveille, si l'on songe combien l'armée est nombreuse.

Le corps de 100.000 hommes, on l'appelle un *tuc*,. celui de 10.000 hommes, un *toman*, celui de mille hommes, un *miny*; on appelle *guz* le groupe de cent hommes, *un* le groupe de dix hommes. Quand l'armée est en marche, deux cents cavaliers bien montés vont à deux jours de marche en avant pour l'éclairer. Il en est de même en arrière et sur chaque aile. Ainsi l'armée est couverte de tous côtés et ne peut être surprise. Quand on part pour une longue expédition, les hommes n'ont point d'équipement. Chacun d'eux porte seulement un petit bouclier où il met son lait, un petit pot de terre pour faire cuire sa viande et une petite tente pour s'abriter de la pluie. Ils sont capables de chevaucher dix jours sans manger de viande et sans faire de feu. Ils vivent alors du sang de leurs chevaux. Ils leur saisissent la veine, la font saigner et appliquent leur bouche jusqu'à ce qu'ils soient rassasiés. Ensuite ils ferment la plaie.

Ils dessèchent le lait et en font une pâte qu'ils transportent avec eux. Quand ils veulent manger, ils mettent cette pâte dans de l'eau qu'ils battent jusqu'à ce que le lait soit dissous. Alors ils le boivent.

Dans la bataille, ils n'ont point de honte à fuir, mais en fuyant, ils combattent aussi bien que dans le corps à corps, car ils se retournent, tirent de leurs arcs très adroitement et causent de très grandes pertes à leurs ennemis. Ils ont dressé leur chevaux à se tourner en tout sens avec une promptitude merveilleuse et mieux que ne ferait un chien. Ceux qui les poursuivent croient tenir la victoire, mais quand les Tartares voient qu'ils leur ont tué ou blessé beaucoup d'hommes et de chevaux, ils se retournent et vont tous ensemble au combat en si belle ordonnance et avec de si grands cris qu'ils mettent promptement l'ennemi en déconfiture, car dans l'action ils se montrent courageux, forts et résistants. Ainsi au moment où leurs adversaires ne songent plus qu'à la poursuite, ils sont perdus, car les Tartares font volte face sitôt que le moment leur paraît favorable. Cette tactique leur a déjà valu de nombreuses victoires.

Je vous ai dit la vie et les mœurs des Tartares de race pure. Mais en ce moment, ils sont bien dégénérés : ceux qui vivent au Catay (1) ont adopté les mœurs des idolâtres du pays et ont renoncé à leur religion. Ceux qui vivent en Perse ont adopté les mœurs des musulmans.

Voici comment on rend chez eux la justice. Celui qui a commis un larcin léger reçoit, par ordre du juge, sept coups de bâton, ou dix-sept ou vingt-sept ou trente-sept et ainsi jusqu'à cent sept selon la gravité du vol ; certains meurent sous le bâton. Celui qui a dérobé un cheval, ou un objet de valeur est condamné à perdre la vie ; on lui tranche la tête d'un coup d'épée. S'il peut se racheter en donnant neuf fois la valeur de l'objet volé, il a la vie sauve.

Ceux qui possèdent du gros bétail, chevaux, juments, chameaux, bœufs, vaches, y apposent leur marque, puis les bêtes s'en vont paître dans la plaine sans aucune surveillance. Elles se mêlent ensemble et chacune est restituée à son maître à cause de la marque qu'elle porte et qui est connue. Leur petit bétail est très gras ; ils le font garder par des bergers.

Voici une autre de leurs coutumes. Si l'un d'eux a une fille qui meurt sans être mariée et qu'un autre ait un fils qui soit mort lui-même sans être marié, les parents des défunts les marient solennellement et dressent le contrat de mariage. Puis ils le font brûler et disent qu'ainsi les défunts sont avertis dans l'autre monde et se tiennent pour époux et épouse. Les parents dès lors se considèrent comme unis au même

(1) La Chine du Nord.

titre que s'ils avaient marié leurs enfants vivants. Ce qu'ils conviennent de donner en dot aux époux, ils en font faire des images qu'ils brûlent ainsi pour faire tenir ces richesses aux morts dans l'autre vie.

CHAPITRE XV

LE ROYAUME D'ERGUIUL

Dans le royaume d'Erguiul (1), à cinq jours de marche de Campicui (2), vivent des bœufs sauvages grands comme des éléphants et tout couverts de poil à l'exception du dos. Ils sont blancs et noirs : leur poil est long de quatre paumes. Ils s'apprivoisent quand on les prend dans leur jeunesse. Lorsqu'ils ont grandi, leur maîtres leur font porter des fardeaux et labourer la terre. Ils labourent deux fois mieux qu'aucune autre bête à cause de leur grande force.

En cette contrée, on trouve le meilleur musc du monde .Voici d'où il provient. Il y a une sorte de bête sauvage qui a le poil du cerf et les pieds et la queue de la gazelle ; elle n'a pas de cornes, mais quatre dents, deux en haut et deux en bas, longues chacune de trois doigts et minces.Quand on l'a capturée, on trouve au nombril, entre la peau et la chair, une sorte de poche qu'on enlève avec la peau en dépouillant l'animal. Cette poche contient le musc dont le parfum est si puissant. Ces bêtes foisonnent dans le pays.

(1) Kan-Tcheou, à la frontière de la Chine et de la Mongolie.
(2) Young-Lchan-lin dans le Kan-suh.

CHAPITRE XVI

LA RÉSIDENCE D'ÉTÉ DU GRAND KHAN

A Ciandu (1) existe un très beau palais de marbre. Les chambres y sont toutes incrustées d'or, ornées de figures de bêtes et d'oiseaux, d'arbres et de fleurs diverses, le tout peint avec tant d'art que c'est une délice et une merveille de le regarder. Autour de ce palais s'élève un mur qui clôt un espace de 16 milles. On y trouve des sources, des rivières et quantité de belles prairies. Des bêtes sauvages de toutes espèces y vivent : le seigneur les y fait placer pour nourrir les faucons et gerfauts qu'il y tient en cage ; les gerfauts dépassent le nombre de deux cents, sans compter les faucons. Chaque semaine, le grand Khan va visiter les cages. Parfois il vient à cheval, ayant en croupe un léopard. S'il aperçoit quelque bête qui lui plaise, il laisse aller le léopard qui capture la bête. Alors pour son divertissement, le seigneur la donne à manger aux oiseaux qui sont en cage.

Au milieu de la plaine s'élève un autre palais, tout en bambou, doré à l'intérieur et artistement travaillé. Ces bambons ont trois mains de grosseur et dix à quinze mains de longueur ; on les taille d'un nœud à

(1) Chang-tou, Pé-king, en Chinois « résidence du souverain ».

l'autre. Ils sont recouverts d'un vernis si épais que
l'eau ne les détériore pas. Le palais se monte et dé-
monte très promptement ; on le transporte là où l'ordonne le seigneur. Quand il est tendu, plus de trois
cents cordes de soie le soutiennent. Le seigneur réside
tantôt dans le palais de marbre, tantôt dans celui de
bambou. Il y passe les mois de juin, juillet et août.
Il évite ainsi les chaleurs de l'été, car ce séjour est très
frais.

Quand arrive le 28ᵉ jour d'août, il s'en va. Je vous
dirai pourquoi son départ est fixé à ce jour. Il possède
un haras de dix mille juments blanches, sans aucune
tache. Il boit le lait de ces juments, lui et sa famille,
personne autre n'en boit en dehors des membres d'une
tribu appelée Horiad (1). C'est Gengis-Khan qui leur
accorda cet honneur en récompense d'une victoire
qu'ils l'aidèrent à remporter.

Quand ces juments passent quelque part, ceux qui
les rencontrent, si haut que soit leur rang, n'osent passer avant elles ; ils changent de chemin et font un
détour parfois d'une demi-journée. Quand le seigneur
part au 28ᵉ jour d'août, on recueille le lait de ces juments et on le jette à terre. On se livre à cette pratique,
parce que les astrologues et les prêtres disent qu'il est
bon que chaque année, au 28ᵉ jour d'août, ce lait
soit répandu à terre, afin que la terre et l'air et les
esprits qui les habitent en puissent avoir leur part. En
échange, ces esprits protègeront le seigneur, ses en-

(1) Les Ourat, tribu mongole.

fants, ses femmes, ses biens et tous ses sujets et aussi leurs troupeaux, leurs chevaux, leurs blés. Après cette cérémonie, le seigneur s'en va.

Je vous dirai aussi une merveille que j'avais oublié de vous conter. Pendant les trois mois que dure chaque année le séjour en ce lieu, il fait parfois mauvais temps : mais le seigneur a en sa compagnie des enchanteurs et des astrologues savants dans l'art diabolique et la nécromancie. Ils font si bien que dans tout l'espace autour du palais il n'y a ni nuage ni mauvais temps. Les savants qui s'adonnent à ces pratiques sont appelés Tebet et Chrisimur (1). Ils appartiennent à deux races différentes et sont idolâtres. Tout ce qu'ils accomplissent, c'est par la puissance du démon : pourtant ils persuadent le peuple qu'ils agissent grâce à leur sainteté et à la puissance de Dieu. Ils ont une coutume étrange. Quand un homme est condamné et meurt de la main du bourreau, ils prennent son corps et le mangent. Mais celui qui meurt de mort naturelle, ils ne le mangent pas.

Ces deux espèces de magiciens exécutent un autre prodige. Quand le grand Khan s'assied en sa capitale, en son palais, devant sa table qui est haute de plus de huit coudées, il a devant lui, dans la salle, à dix pas de lui, des coupes pleines de vins et d'autres boissons. Ces enchanteurs font tant par leurs sortilèges que, lorsque le seigneur a envie de boire, les coupes se lèvent de leur place sans que nul les touche et vont devant

(1) Thibétains et Cachemiriens.

lui. Et ce prodige, chacun peut le voir et il y a là plus de dix mille personnes. Et c'est la vérité sans aucun mensonge, car les savants de nos pays qui sont versés dans la nécromancie vous diront que cela peut bien se faire.

Quand vient la fête de leur idole, ces enchanteurs vont trouver le seigneur. Ils lui disent : « Sire, c'est aujourd'hui la fête de notre dieu » et ils le nomment par son nom. « Vous savez, continuent-ils, qu'il amène du mauvais temps et nuit à vos biens, s'il ne reçoit pas d'offrande. Nous vous prions donc de nous faire remettre tant de moutons à tête noire (et ils indiquent le nombre qui leur plaît). Nous voulons aussi, beau Sire, avoir tant d'encens, tant d'aloés et tant de telle chose et tant de telle autre chose encore (ils en fixent toujours la quantité à leur gré). Nous pourrons ainsi honorer nos dieux et leur faire de grands sacrifices afin qu'ils nous protègent, nous et nos biens. »

Le seigneur leur fait donner tout ce qu'ils désirent. Ils célèbrent alors en l'honneur de leurs idoles une grande fête, avec de grandes illuminations et brûlent toutes sortes de parfums qu'ils fabriquent avec diverses substances.

Sachez que chaque dieu a son nom et son jour de fête, tout comme nous avons, chaque année, les fêtes de nos saints.

Les indigènes ont des monastères et des abbayes aussi grands qu'une petite ville et où résident jusqu'à deux mille moines de leur rite. Ces hommes portent des vêtements plus soignés que ceux du commun : ils ont

la tête et le menton rasés. Certains d'entre eux peuvent
se marier et ont de nombreux enfants. On trouve une
autre espèce de religieux qu'on appelle Sensin (1).
Ils pratiquent une abstinence très sévère et leur existence est très rude. Durant toute leur vie, ils ne mangent que du son, qu'ils délaient dans de l'eau chaude.
Ils boivent de l'eau et pratiquent un jeûne perpétuel :
telle est leur vie démesurément austère. Ils ont des
idoles nombreuses et de haute taille. Mais ils adorent
aussi le feu. Les autres idolâtres, qui ne sont pas
soumis à leur règle, les traitent d'hérétiques. Ceux-là
ne se marieraient pour rien au monde. Ils portent des
vêtements noirs et jaunes et dorment sur des nattes.

(1) Sannyasin, fakirs indiens.

CHAPITRE XVII

Une victoire du grand Khan

Je veux commencer à vous conter en ce livre tous les faits et toutes les merveilles du grand Khan qui règne à présent et qui est appelé Koubilaï-Khan, c'est-à-dire, en français, le grand seigneur des seigneurs, empereur. Certes il porte ce titre à bon droit et il faut que tous sachent et tiennent pour vérité certaine qu'il possède plus de sujets, de territoires et de trésors que jamais personne n'en posséda depuis Adam, notre premier père, jusqu'aujourd'hui. Et je vais vous montrer avec évidence en ce livre que je vous dis la vérité.

Koubilaï-Khan descend en droite ligne de Gengis-Khan, qui fut le premier seigneur de tous les Tartares du monde. Il obtint la seigneurie en l'an 1256 du Christ ; il la méritait par sa prouesse et sa grande valeur et il avait pour lui le droit et la raison. Ses frères et ses parents lui disputaient l'empire, mais sa prouesse fit prévaloir ses prétentions légitimes. Il a régné quarante deux ans jusqu'en l'année 1298 dans laquelle nous sommes. Il peut avoir aux environs de 85 ans, car il en avait à peu près 43 quand il s'assit sur le trône. Auparavant il allait à l'armée et, dans plusieurs expéditions, il se conduisit en vaillant homme d'armes. Mais depuis son avènement, il ne combattit,

en personne qu'une seule fois, en l'an 1286 du Christ.
Je vais vous dire pourquoi.

Il y avait un grand seigneur tartare nommé Nayan,
oncle de Koubilaï-Khan. Encore jeune, il comman-
dait à beaucoup de territoires et de provinces. Sa
jeunesse et sa puissance l'emplirent d'orgueil, car il
pouvait mener à la bataille trois cent mille hommes à
cheval. Toutefois il était vassal de son neveu, le grand
Khan Koubilaï et le droit exigeait qu'il lui fût soumis.
Mais se voyant si puissant, il voulut secouer son vasse-
lage et s'emparer du trône. Il fit part de son dessein
à un autre seigneur tartare, Caïdou, qui était, lui,
neveu du grand Khan. Caïdou était révolté et haïssait
son seigneur et son oncle. Nayan lui manda qu'il
s'apprêtait à marcher contre Koubilaï avec toutes
ses forces qui étaient considérables : il le priait de
s'armer, lui aussi, et de marcher de son côté : tous deux,
avec des armées si puissantes détrôneraient l'empereur.

Quand Caïdou reçut le message de Nayan, il en
fut tout joyeux et se hâta de lui faire parvenir son
agrément. Il s'apprêta donc et rassembla cent mille
cavaliers.

Or le grand Khan apprit toute cette machination.
Il fit très vaillamment ses préparatifs, en homme qui ne
craignait pas ses ennemis, étant sûr de son droit.
Il déclara qu'il ne porterait jamais la couronne s'il ne
mettait à mort ces deux seigneurs traitres et déloyaux.
Il s'arma en dix à douze jours, avec tant de diligence
et de secret que nul n'en sut rien en dehors de son
conseil privé. Il rassembla trois cent soixante mille

hommes à cheval et cent mille à pied. S'il réunit si peu de monde, c'est qu'il prit seulement dans ses armées qui étaient toutes proches, car les autres armées qui étaient au loin, il n'aurait pu les atteindre si tôt : là se trouvaient des troupes sans nombre et sans fin qui étaient allées par son ordre en diverses contrées et provinces pour lui conquérir des terres. S'il eût convoqué toutes ses forces, la multitude qui se fût réunie eût été si grande que ce serait chose impossible à croire, à entendre, à dire, le nombre en eût été infini. Songez que ces trois cent soixante mille hommes à cheval n'étaient guère que ses fauconniers et veneurs.

Quand il eut réuni ce peu de monde, il demanda à ses astrologues s'il remporterait la victoire et s'il viendrait à bout de ses ennemis. Les astrologues, ayant recouru à leur art, lui dirent qu'il marchât hardiment, car il aurait l'honneur et la victoire : de quoi il fut tout joyeux. Il se mit donc en route avec son armée, et chevaucha vingt jours jusqu'à ce qu'il fût arrivé en une vaste plaine, où était Nayan avec son armée, qui comptait quatre cent mille hommes à cheval. Les troupes du grand Khan arrivèrent si tôt et si soudainement que leurs ennemis ne le surent pas. Le grand Khan avait fait garder les chemins par des espions et nul ne pouvait aller et venir sans être pris. Les gens de Nayan n'étaient donc au courant de rien. Nayan lui-même était couché dans son lit sous sa tente et dormait.

Quand il fut jour, le grand Khan avait rangé toute son armée sur une éminence qui dominait la plaine où

6 — L'armée du Grand Khan surprend Nayan.

se dressait le camp ennemi. Tout était tranquille sous les tentes. Nayan ne redoutait aucune attaque et ne se gardait point. Il se trouvait, en effet, à plus de trente jours de marche du grand Khan. Mais celui-ci avait franchi la distance en vingt jours avec toute son armée, si ardent était son désir d'attaquer les révoltés.

Que vous dirai-je ? Le grand Khan, établi sur son éminence, fit construire une énorme tour en bois qu'on plaça sur quatre éléphants et y arbora son enseigne ; elle était si haute qu'elle se voyait de toutes parts. L'armée était disposée par échelons de trente mille hommes : la plus grande partie des cavaliers portaient en croupe un fantassin armé d'une lance : toute la plaine était couverte de troupes. C'est ainsi qu'était disposée l'armée du grand Khan, prête à engager la bataille.

A cette vue, les gens de Nayan coururent aux armes ; malgré leur surprise, ils s'apprêtèrent fort bien et rangèrent en ordre leurs échelons. Lorsque de part et d'autre, on fut sur le point d'en venir aux mains, alors toutes sortes d'instruments se mirent à sonner et les deux armées à chanter à haute voix, car c'est l'usage des Tartares, qu'au moment de combattre, chacun chante et joue d'un instrument à deux cordes très plaisant à entendre. Ainsi rangées en bataille, les troupes continuèrent leurs chants et leur musique jusqu'au moment où les grandes timbales du Khan retentirent. Dès qu'elles commencèrent à sonner, la bataille s'engagea de part et d'autre, car personne n'eût osé devancer ce signal. Les timbales de Nayan répondirent aussitôt à celles du grand Khan et toutes deux sonnèrent à grand bruit l'attaque. Tous coururent aux arcs, aux massues, aux lances, aux épées, aux arbalètes dont sont armés les fantassins : l'adresse des combattants était merveilleuse. Les flèches volaient de part et d'autre, si nombreuses que l'air en était obscurci comme par une pluie épaisse. Les hommes d'armes étaient précipités de leurs chevaux et tombaient morts ; tout le sol en était couvert. Parmi les cadavres et les blessés, les clameurs étaient telles de part et d'autre qu'on n'eût pas ouï Dieu tonner. La bataille fut très acharnée et très sanglante, et chacun cherchait à tuer par tous moyens.

Que vous dirai-je ? Sachez que de toutes les batailles livrées en notre temps, ce fut la plus terrible et la plus disputée et la plus âpre. Jamais on ne vit en un même lieu tant d'hommes d'armes rassemblés pour se battre, surtout tant de cavaliers, car il y en avait bien 760.000 sans compter les fantassins qui étaient très nombreux aussi. La mêlée dura depuis le matin jusqu'au milieu du jour. Mais enfin, il plut à Dieu et au bon droit que le grand Khan eût la victoire et que Nayan perdît la bataille et fût mis en déconfiture. Quand ses soldats virent les exploits qu'accomplissaient leurs ennemis, ils perdirent courage et s'enfuirent. Nayan fut pris et tous les officiers qui l'entouraient se rendirent au grand Khan avec leurs armes. Sachez que Nayan était chrétien baptisé et portait sur ses enseignes la croix : mais cela ne lui servit à rien, parce qu'il n'avait pas le droit de se révolter contre son seigneur.

Quand le grand Khan sut que Nayan était pris, il en fut tout joyeux et commanda de le mettre à mort sur le champ : il voulut que personne ne le vît car il craignait, comme le prisonnier était de sa famille, d'avoir pitié de lui et de lui pardonner. On enferma étroitement Nayan dans un tapis et on le traîna çà et là tant qu'il en mourut. Le Khan le fit tuer ainsi, parce qu'il ne voulait pas que le sang de son lignage impérial fût répandu ni en l'air ni sur terre ni au soleil.

Quand le grand Khan eut remporté cette victoire, il se fit jurer fidélité par tous les habitants des provinces de Nayan. Ceux qui étaient idolâtres et musulmans se moquaient de leurs compatriotes chrétiens, surtout de la croix que Nayan avait portée sur ses étendards et qu'ils ne pouvaient supporter. « Voyez, disaient-ils, comment la croix de votre Dieu a aidé Nayan, qui était chrétien et qui l'adorait. » Ces propos vinrent jusqu'au grand Khan. Quand il les connut, il blâma vivement les railleurs et rassura les chrétiens. « Si la croix n'a pas aidé Nayan, dit-il, elle a bien fait. Etant bonne comme elle est, elle ne pouvait faire autrement ; car Nayan était un félon et un traître qui se battait contre son seigneur et le sort qui lui est arrivé, il l'avait mérité. La croix de votre Dieu a très bien agi en ne l'aidant point contre le droit. » Le Khan parla si haut que chacun l'entendit. Les chrétiens lui répondirent : « Très haut seigneur, vous parlez bien, car notre croix ne veut aider personne à tort ; aussi n'a-t-elle pas aidé Nayan qui agissait mal et déloyalement ; elle n'a pas voulu l'imiter dans sa malice. » Depuis lors, les mécréants ayant entendu les paroles du Khan, s'abstinrent de blâmer les chrétiens.

Après sa victoire, le grand Khan s'en retourna à sa capitale de Cambaluc. Caïdou, l'autre chef Tartare, ayant appris la défaite et la mort de Nayan, en fut très affligé et en resta là de ses préparatifs, car il craignit d'éprouver le même sort.

Vous connaissez maintenant la seule expédition qu'ait faite le grand Khan; dans les autres guerres il envoie ses fils ou ses généraux, mais, cette fois, il ne voulut confier à personne le soin de réduire l'orgueil de ce traître Nayan.

Voici ce que fit le grand Khan pour ses barons qui s'étaient bien comportés à la bataille. Celui qui était seigneur de cent hommes, il le fit de mille. Celui qui était seigneur de mille, il le fit de dix mille. Et ainsi leur accordait-il à chacun selon son rang, comme il jugeait qu'ils l'avaient mérité. En outre, il leur donna de belle vaisselle d'argent et de belles armures. Il leur fit aussi présent de joyaux d'or et d'argent, de perles, de pierres précieuses, de chevaux. Tous ces dons n'égalaient pourtant pas leurs services, car jamais on ne vit hommes accomplir tant d'exploits pour l'amour et l'honneur de leur seigneur qu'ils n'avaient fait au jour de la bataille.

CHAPITRE XVIII

LE PALAIS DU GRAND KHAN

Le grand Khan, seigneur des seigneurs, qui est appelé Koubilaï, est de belle taille, ni petite ni grande. Il a de l'embonpoint, de la prestance et tous ses membres sont bien proportionnés. Il a le visage blanc et vermeil, les yeux gris, le nez bien fait.

Sachez qu'il demeuré en la capitale du Catay, qui a nom Cambaluc, pendant trois mois de l'année, décembre, janvier et février. C'est en cette ville qu'il a son grand palais.

Autour du palais, s'étend un grand mur carré dont chaque côté est long d'un mille. Ce mur, haut de dix pas, est blanc et crénelé. A chaque angle s'élève un superbe palais où est déposé le matériel de guerre : arcs, carquois, selles, freins. Entre les palais d'angle s'élèvent, à intervalles égaux, des palais semblables, si bien qu'il y en a huit dans toute l'enceinte : tous sont remplis par le matériel de guerre. Chaque palais contient une seule espèce d'objets : l'un est tout plein d'arcs, un autre de selles, un autre de freins.

Le mur, du côté du midi, est percé de cinq portes : au milieu il y en a une grande, qui s'ouvre seulement pour laisser passer l'armée quand elle part pour la guerre. De chaque côté, deux portes plus petites servent dans les circonstances habituelles.

Sur la face sud du mur, à un mille à l'intérieur, il y a un autre mur plus long que large. L'enceinte comprend aussi huit palais aménagés comme ceux du dehors et qui servent également à garder le matériel de guerre. On y voit aussi cinq portes à la face sud. En outre, à chacun des angles il y a une porte. Au milieu de ces deux murs est le grand palais du Khan.

C'est le plus vaste qui existe. Il n'a pas d'étage, mais est de plain pied et le pavé en est à dix paumes (1) au-dessus du sol. Le toit est très haut, les murs et les salles sont toutes couvertes d'or et d'argent. On y voit peints des dragons, des oiseaux, des bêtes, des cavaliers et toutes sortes d'autres figures. Il y a une salle si grande et si large que six mille personnes y pourraient manger. Le nombre des pièces est incroyable. Elles sont si grandes, si belles, si riches que nul n'aurait pu les mieux ordonner. Les chevrons du toit sont tous peints de couleur vermeille, jaune, verte ou bleue. Ils sont si bien vernissés qu'ils resplendissent comme du cristal : de très loin aux alentours on voit briller le palais. Sachez que ce toit est si fort et si solidement fait qu'il durera dans tous les temps.

Entre les deux murs d'enceinte on trouve des prairies et des arbres chargés des fruits les plus variés. Il y a des animaux de toute espèce : cerfs, daims, chèvres, biches, bêtes qui produisent le musc. Ils sont si nombreux que les prairies en sont pleines.

D'une extrémité à l'autre du mur s'étend un lac

_____

(1) 2 mètres et demi.

plein de poissons que le Khan y fait mettre. Chaque fois qu'il en veut prendre, il en trouve autant qu'il lui plaît. Une rivière y entre et en sort, mais des filets d'acier empêchent les poissons de passer. Au nord-est, à une portée de flèche du palais, s'élève une butte artificielle haute de cent pas. Cette butte a bien un mille de longueur, elle est plantée d'arbres qui ne perdent jamais leurs feuilles et restent verts en tout temps. S'il y a quelque part un bel arbre, le Khan l'envoie chercher avec toutes ses racines et toute la terre qui est autour pour le planter sur la butte. Si grand que soit l'arbre, les éléphants le transportent. Aussi le Khan possède-t-il les plus beaux arbres du monde. Il a fait couvrir toute cette butte de pierres vertes, si bien que les arbres sont verts et la butte aussi : on ne voit partout que du vert. C'est pourquoi on appelle cette butte, le mont-vert.

Au haut de la butte, se dresse un magnifique palais tout vert au dehors et au dedans; le mont, les arbres, le palais, forment un ensemble merveilleux et dont la vue remplit de joie les spectateurs. Le grand Khan a fait construire ce bel endroit pour y goûter repos et allégresse.

CHAPITRE XIX

LA VILLE DE CAMBALUC

Je vais maintenant vous parler de Cambaluc, la capitale du Catay, où est le palais du grand Khan. Je vous dirai pourquoi et comment elle fut faite.

Il y avait là autrefois une vaste et noble cité. Elle s'appelait Cambaluc ce qui veut dire en notre langue : « La cité du Khan. » Le grand Khan sut par ses astrologues que cette ville devait se révolter contre lui. Alors, il fit construire, à côté, une ville nouvelle séparée par une rivière et y transporta les habitants.

La ville a 24 milles de tour : elle forme un carré de six milles sur chaque face. Elle est entourée de murs de terre qui, à la base, sont épais de dix pas mais vont en se rétrécissant, si bien qu'au sommet ils n'ont que trois pas. Ils sont hauts de dix pas et crénelés ; les créneaux sont blancs.

La ville a douze portes. Auprès de chacune s'élève un grand et beau palais. Il y en a aussi à chaque angle. Chaque face de la muraille a donc trois portes et cinq palais. Tous contiennent des salles spacieuses où sont les armes de la garnison. Les rues sont si droites qu'on y voit d'un bout à l'autre ; elles sont percées de telle sorte que le regard va d'une porte à l'autre. On trouve en quantité, beaux palais, beaux hôtels, belles maisons. Au milieu de la ville s'élève un édifice très vaste où est une cloche qui sonne la nuit ; quand elle a sonné trois fois, il est défendu de sortir et personne ne transgresse cette défense, sinon pour aller soigner les malades. En ce cas, ceux qui sortent se munissent d'une lumière. A chaque porte il y a une garde de mille hommes. Ce n'est pas qu'on craigne aucune attaque, mais c'est une marque d'honneur rendue au grand Khan qui habite la ville.

CHAPITRE XX

LE CÉRÉMONIAL DE LA COUR

Le grand Khan se fait garder par douze mille hommes de sa noblesse qu'on appelle *quesitan*, c'est-à-dire chevaliers fidèles au seigneur. Ils sont répartis en quatre compagnies de trois mille hommes, commandées chacune par un capitaine. Chaque compagnie reste trois jours et trois nuits au palais. Elle y boit et y mange. Elle est ensuite remplacée par une autre.

Quand le grand Khan tient sa table pour une cérémonie, voici comment on procède. Sa table est beaucoup plus élevée que les autres. Il s'assied au nord, le visage tourné vers le midi, sa première épouse s'assied près de lui, à sa gauche. A sa droite, plus bas, sont assis ses fils, ses neveux et les princes de son sang : leur tête est à la hauteur de ses pieds. Les autres seigneurs sont assis à des tables encore plus basses. L'ordre est le même pour les femmes. Celles de ses fils, de ses neveux et des princes du sang sont assises plus bas à gauche. Viennent ensuite, encore plus bas, les dames des autres seigneurs, chacune au rang désigné par le Khan. Les tables sont disposées de telle façon que le seigneur les peut voir toutes d'un coup d'œil, si nombreuses qu'elles soient. En dehors de la salle se pressent plus de quarante mille hommes, car il vient beaucoup de visiteurs étrangers qui apportent des présents.

En un endroit de la salle, il y a un grand vase d'or qui contient autant de vin qu'un tonnelet. A côté de ce grand vase, il y en a de plus petits pleins de breuvages épicés et de haut goût. On puise le vin dans des coupes d'or sans anse, si grandes qu'elles pourraient suffire à dix personnes.On place une de ces coupes entre deux convives ; on met à côté deux petits hanaps d'or : chaque convive remplit son hanap avec la coupe.

Coupes et hanaps forment un trésor considérable : le Khan en possède un très grand nombre. Il a aussi d'autre vaisselle d'or et d'argent en si grande quantité qu'on ne pourrait le croire à moins de l'avoir vu.

Ce sont des barons qui présentent à boire et à manger au grand Khan. Ils ont le nez et la bouche couverts de serviettes d'or et de soie pour éviter que leur haleine ne souille les mets. Quand le Khan s'apprête à boire, tous les instruments se mettent à sonner. Pendant qu'il tient en main sa coupe, tous les assistants s'agenouillent et se prosternent. Alors le grand seigneur boit : chaque fois qu'il boit, le même cérémonial se renouvelle.

Je ne vous dirai rien des viandes, car on pense bien qu'elles sont en abondance. Quand tous ont mangé et que les tables sont ôtées, un grand nombre de jongleurs et de bateleurs entrent dans la salle. Sous les yeux du Khan et de tous les convives, ils exécutent des tours variés avec tant d'habileté que chacun rit et se divertit.

CHAPITRE XXI

LES DEUX GRANDES FÊTES DE L'ANNÉE CHEZ LES TARTARES

Sachez que les Tartares célèbrent l'anniversaire, de leur naissance. Le grand Khan est né le 28 septembre. Ce jour est pour lui la plus grande fête de l'année en dehors du nouvel an.

Ce jour-là, il revêt des habits brodés d'or. Douze mille de ses barons et officiers portent des vêtements de même couleur, moins précieux sans doute mais d'une étoffe semblable, faite de soie mêlée de fils d'or. C'est le grand seigneur qui leur en fait don. Or certains de ces vêtements sont couverts de tant de perles et de pierres précieuses qu'ils valent bien dix mille pesants d'or (1). Le grand Khan en donne à plusieurs de ses hauts officiers. Trois fois dans l'année, il fait à douze mille hommes de sa cour de semblables distributions de vêtements. Vous pouvez vous rendre compte que c'est là une grande largesse, telle qu'aucun autre prince au monde n'en pourrait faire.

Le jour de sa naissance, tous les Tartares et tous les habitants des pays qui lui sont soumis, lui envoient des présents réglés selon leur richesse. Il en reçoit

(1) 600.000 francs de notre monnaie actuelle.

aussi beaucoup d'autres apportés par des solliciteurs. Tous ses sujets, idolâtres, musulmans et chrétiens adressent de grandes prières chacun à son Dieu ; il y a des chants, des lumières, de l'encens ; tous demandent à leur Dieu de protéger le grand Khan, de lui donner longue vie, joie et santé.

Au renouveau de l'année, qui arrive pour les Tartares en février, on célèbre la « blanche fête ». Le grand Khan et tous ses sujets, hommes et femmes, petits et grands, mettent une robe blanche. Ils croient, en effet, que les vêtements blancs portent bonheur ; aussi s'habillent-ils en blanc le premier jour de l'année, pour que l'année entière leur apporte joie et prospérité. Ce jour-là, tous les habitants de tous les royaumes et contrées qui obéissent au grand Khan lui font de grands présents d'or, d'argent, de perles, de pierres et d'étoffes précieuses, afin que toute l'année il ait richesse et abondance. Tous se font, de l'un à l'autre, don de choses blanches et s'embrassent avec des témoignages d'allégresse. Le Khan reçoit ce jour-là plus de cent mille chevaux blancs richement harnachés. Tous ses éléphants, qui sont au nombre de cinq mille, sont recouverts de riches parures ; on leur place sur le dos deux corbeilles pleines d'argenterie et d'autres trésors étalés à l'occasion de cette blanche fête. On fait venir aussi quantité de chameaux richement harnachés et chargés d'immenses richesses. Tout le cortège défile devant le grand seigneur : c'est le plus beau spectacle qui soit au monde.

Le matin de la fête, avant que les tables soient dressées, rois, barons, comtes, ducs, marquis, chevaliers, astrologues, philosophes, médecins, fauconniers, se rendent tous dans la grande salle du palais devant le grand Khan. Ceux qui ne peuvent trouver place dans la salle se tiennent en un endroit où le souverain peut les voir. Voici dans quel ordre sont disposés les assistants. D'abord se tiennent les fils du grand Khan, ses neveux, les princes de son sang. Ensuite viennent les rois, puis les ducs, puis les autres officiers, chacun selon son rang. Quand tous sont à leur place, un des plus anciens se lève et dit à haute voix : « Inclinez-vous et adorez ». Sitôt qu'il a parlé, tous se prosternent et adressent leurs prières au grand Khan, l'adorant comme il a été ordonné. Quatre fois la cérémonie se renouvelle. Ils se dirigent ensuite vers un autel magnifiquement orné. Sur cet autel, une table de vermeil porte écrit le nom du grand Khan. Chacun prend un encensoir d'or et, avec une grande révérence, encense l'autel et la table, puis il regagne sa place.

Quand ces rites ont été accomplis, les assistants offrent au souverain les riches présents dont j'ai parlé. Il les regarde ; puis on dresse les tables. Les convives s'y assoient et tout se passe comme je l'ai décrit précédemment.

Je vais vous dire une chose qui vous semblera merveilleuse à ouïr en ce livre. Sachez que le jour de la fête, un grand lion est mené devant le souverain. Dès que l'animal aperçoit le Khan, il se couche devant lui, s'humilie et semble le reconnaître pour son seigneur. Il reste ainsi sans être enchaîné. Certes, la chose est difficile à croire pour ceux qui ne l'ont pas vue.

Telle est la blanche fête du nouvel an.

CHAPITRE XXII

LES CHASSES DU GRAND KHÀN

Pendant les trois mois que le grand Khan passe dans sa capitale, c'est-à-dire décembre, janvier et février, ordre est donné aux habitants dans un rayon d'environ quarante journées de marche d'envoyer au souverain les grosses pièces qu'ils capturent. Sangliers, biches, daims, cerfs, lions, ours lui sont ainsi expédiés. Ceux qui ont pris ces bêtes les placent sur des charrettes, après leur avoir retiré les entrailles, et les envoient au grand seigneur. Il lui en arrive de vingt à trente jours de marche à la ronde. Ceux qui habitent trop loin pour expédier la chair des animaux tués, envoient les peaux, qui sont utilisées pour les besoins de l'armée.

Le seigneur possède des léopards dressés à chasser et à prendre du gibier. Il a aussi des loups dressés à cet office. Enfin il a plusieurs lions très beaux de pelage, car ils sont tachetés, tout le long du corps, de noir, de vermeil et de blanc (1). Ils sont habitués à capturer sangliers, bœufs sauvages, ours, ânes sauvages, cerfs et autres bêtes de grande taille. Quand on veut chasser avec l'aide de ces lions, on les transporte sur une

---

(1) Les animaux que Marco Polo désigne ici sous le nom de lion sont évidemment des tigres ou des léopards.

7 — Repas du Grand Khan.

charrette couverte. A côté de chacun d'eux, on place un petit chien. Le Khan a aussi un très grand nombre d'aigles dressés à capturer loups, renards, daims et chevreuils. Ceux dont on se sert pour la chasse aux loups sont très grands et très forts, aucun des loups qu'ils voient ne leur échappe.

Le seigneur a deux demi-frères, appelés Baïa et Mingam. Chacun d'eux a sous ses ordres dix mille hommes vêtus de même couleur, les uns en livrée rouge, les autres en livrée bleue. Quand ils accompagnent le grand Khan à la chasse, ils portent leur livrée. Dans chaque troupe de dix mille hommes, il y en a deux mille qui mènent chacun un grand mâtin ou deux ou plus. Un des deux frères prend sur la droite; l'autre, sur la gauche, chacun avec dix mille hommes et cinq mille chiens. Les deux troupes couvrent tout le terrain sur une journée de marche ; il n'y a pas de bête qui ne soit prise. Tandis que le seigneur chevauche avec ses barons, vous voyez accourir en bondissant ces grands chiens, lancés à la poursuite d'ours et d'autres bêtes qu'ils finissent par atteindre. C'est un spectacle prodigieux.

Le 1er jour de mars, le grand Khan quitte sa capitale et se dirige vers l'Océan, qui est à deux jours de marche. Il emmène avec lui dix mille fauconniers qui portent cinq cents gerfauts, faucons et autours. Il ne tient pas tout ce monde rassemblé autour de lui, mais le répartit par groupes de cent, deux cents ou plus. Tous rapportent leur butin au prince.

Quand celui-ci chasse lui-même avec ses faucons

il se fait accompagner de dix mille hommes, ordonnés deux à deux, de manière à occuper au loin toute la plaine. Chacun est muni d'un sifflet et d'un chaperon pour appeler et garder les oiseaux. Lorsque ceux-ci sont lancés, pas n'est besoin de courir par derrière : ils ne sauraient échapper à la vue de cette multitude de surveillants partout disséminés.

Les oiseaux du grand Khan portent au pied une petite tablette où est écrit le nom de leur maître. Les autre seigneurs font de même. De la sorte, quand un oiseau égaré est pris, on le rend à son propriétaire. Si la tablette a disparu, on le remet à un officier appelé *bulargusi*, c'est-à-dire gardien des choses sans maître.

On lui remet aussi les chevaux, les épées et tout objet dont le propriétaire n'est pas connu. Qui les garderait serait puni par lui. C'est à lui qu'on s'adresse pour rentrer en possession de tout ce que l'on a perdu.

Dans les camps, il s'installe en un endroit apparent et fait hisser son pavillon. De la sorte, tout ce qui se perd est retrouvé et rendu à son maître.

Tandis qu'il se dirige ainsi vers l'Océan, le grand Khan est installé dans un pavillon de bois monté sur le dos de quatre éléphants ; l'intérieur est tendu d'étoffes d'or, le dehors est recouvert de peaux de lion. Avec lui, il a douze de ses meilleurs gerfauts. Plusieurs de ses officiers lui tiennent compagnie. Pendant qu'il devise avec eux, parfois des serviteurs qui l'escortent à cheval lui disent : « Sire, des grues ».Alors il fait ouvrir son pavillon et les aperçoit : aussitôt il choisit tel gerfaut qu'il lui plaît et lui donne son vol. Souvent l'oiseau atteint les grues et les abat sous ses yeux.

C'est ainsi qu'il se divertit, étendu sur son lit, et les barons qui l'entourent prennent leur part de ses plaisirs. Je vous déclare en vérité que personne n'a jamais existé ni, je pense, n'existera qui puisse égaler cet homme dans sa puissance et dans ses divertissements.

Le grand Khan arrive enfin à l'endroit où l'attendent ses fils et ses courtisans. Leurs tentes sont au nombre de dix mille, toutes riches et belles. Celle où lui-même tient sa cour est assez vaste pour abriter mille personnes. La porte en est tournée vers le midi ; dans une première pièce se tiennent les barons et les chevaliers ; à l'ouest, une pièce contiguë sert de résidence au grand Khan. Quand il veut parler à un courtisan, il l'envoie chercher.

Derrière cette salle d'apparat, il a sa chambre à coucher.

Chaque salle repose sur trois colonnes de bois, la toile est recouverte de peaux de tigre et ne craint ni la pluie ni le vent. L'intérieur est garni d'hermine et de zibeline, car ce sont les fourrures les plus belles et les plus riches. Une peau de zibeline vaut deux mille ou, au moins, mille livres d'or. Les Tartares l'appellent la reine des fourrures. Les tentes sont toutes soutenues par des cordes de soie. Leur valeur est si grande qu'en vérité un roi ne pourrait les payer.

Autour de la tente du Khan s'en dressent un grand nombre d'autres, toutes belles et bien ordonnées. Les unes contiennent les armes du seigneur et de sa suite, d'autres abritent les oiseaux et leurs serviteurs. Toute la plaine au loin est couverte de tentes. On dirait une grande ville par le nombre de gens qui y habitent et par le nombre de ceux qui y viennent chaque jour de partout. Car il y a des médecins, des astrologues, des fauconniers et tous les artisans qu'exige une telle affluence.

Pendant qu'il séjourne en cet endroit, le Khan ne fait rien qu'oiseler dans tous les environs ; il y a là forces lacs et rivières, peuplés de grues. de cygnes et d'oiseaux de toutes sortes. Toute la suite du prince ne cesse de chasser et d'oiseler. Chaque jour, on lui apporte du gibier et des oiseaux en abondance.

Je vous dis que personne, à vingt journées de marche à la ronde, n'a droit d'élever faucons ou chiens. En outre, sur toutes les terres du grand Khan, nul n'oserait, si hardi qu'il soit, chasser de mars à octobre, une de ces quatre espèces de bêtes : lièvre, cerf, chevreuil ou biche. Qui le ferait se couvrirait de honte. Mais les ordres du Khan sont respectés au point que, si un passant trouve endormie quelqu'une de ces bêtes, il n'y touche pas. Aussi le gibier pullule, la campagne en est pleine et le Khan en trouve tant qu'il veut. Mais d'octobre à mars, chacun peut chasser à sa guise.

CHAPITRE XXIII

Le grand commerce de Cambaluc

Après être resté en cet endroit de mars à la mi-mai, le grand Khan retourne à Cambaluc, sa capitale. Cette ville a un si grand nombre de maisons et d'habitants que la chose semble impossible, car il y a douze faubourgs, autant que de portes, et ces faubourgs sont plus peuplés que la ville. C'est là qu'habitent les marchands et les étrangers de passage, qui apportent les redevances au Khan ou viennent commercer à sa cour. Aussi les belles maisons sont-elles aussi nombreuses au dehors de la ville qu'au dedans.

On n'ensevelit pas les morts à l'intérieur des murailles. Les corps des idolâtres sont brûlés dans un endroit désigné à cet effet, loin de la ville et des faubourgs. Quant aux chrétiens, aux musulmans et à ceux que leur loi commande d'enterrer, leurs cadavres sont aussi transportés dans un endroit éloigné, hors des faubourgs; ainsi la terre est meilleure et plus saine.

Je vous dis qu'en cette ville il y a abondance de tout plus qu'en aucune autre ville du monde. Car chacun apporte des marchandises, les uns pour le prince, d'autres pour la cour, d'autres pour la ville, qui est si vaste, d'autres pour les puissantes armées du grand Khan, qui campent aux environs. C'est un défilé interminable de toutes choses : il n'y a pas de jour dans l'année où n'entrent dans la ville mille charrettes de soie, qui servent à fabriquer des étoffes de soie et d'or. La chose ne doit pas surprendre, car le lin n'existe pas dans ces régions et la soie est employée pour tous les usages. Il est vrai que le coton et le chanvre poussent en quelques endroits, mais les habitants ne s'en servent guère, ayant en abondance et à bon marché la soie qui vaut mieux que le coton.

Autour de cette grande ville de Cambaluc il y a bien deux cents villes qui se pressent les unes contre les autres ; de chacune viennent des marchands pour vendre et acheter. Tous trouvent à vendre ce qu'ils apportent et achètent en échange d'autres denrées. Aussi se fait-il dans la ville un immense commerce.

CHAPITRE XXIV

La monnaie de papier

C'est à Cambaluc que le grand Khan a son Hôtel
de la Monnaie. Il la fabrique de telle façon qu'on peut
dire en vérité qu'il possède la pierre philosophale des
alchimistes. Il fait prendre l'écorce des mûriers. Comme leurs feuilles servent à nourrir les vers à soie, ils
sont en très grand nombre dans toute la contrée.
On enlève une fine écorce blanche qui se trouve entre
le bois et l'écorce extérieure ; on en fait des feuilles
minces comme du papier, puis on les découpe en
rondelles qui valent suivant leur grandeur depuis un
demi-sou tournois jusqu'à dix pesants d'or (1). Toutes
les rondelles de papier portent le sceau du grand Khan.
Sans que cela lui coûte rien, il en fait fabriquer chaque
année assez pour payer tous les trésors du monde.

C'est avec cette monnaie qu'il acquitte tout ce
qu'il doit. Elle a cours dans ses provinces, ses royaumes et toutes les terres sur lesquelles s'étend son
autorité. Quelque valeur qu'il lui assigne, personne
n'ose la refuser ; le coupable serait aussitôt mis à
mort. Mais tous l'acceptent volontiers, car en quelque
endroit qu'ils aillent dans les États du grand Khan,

(1) Depuis deux centimes et demi jusqu'à 75 francs.

elle leur sert à payer ce qu'ils achètent, comme ferait l'or. Et elle est tellement légère qu'elle pèse dix fois moins.

Les marchands qui viennent des Indes ou d'autres pays et qui apportent or, argent, perles ou pierres précieuses, ne peuvent, dans cette ville, les vendre qu'au grand Khan. Il a désigné à cet effet douze officiers qui en estiment la juste valeur, et le prix est acquitté exactement en monnaie de papier. Les marchands s'en contentent, parce qu'ils ne trouveraient pas d'autre acheteur et parce qu'ils sont payés sans retard. En outre, cette monnaie leur permet d'acheter partout ce qu'ils veulent et elle est facile à transporter. Par ce moyen, le grand Khan acquiert chaque année tant de choses précieuses que ses trésors sont infinis et il les paie avec une monnaie qui ne lui coûte rien.

Plusieurs fois par an, il fait publier par la ville que tous ceux qui possèdent or, argent, perles ou pierres précieuses les portent à sa Monnaie, qu'il les fera payer tout de suite et largement. Les habitants ne sont pas obligés d'obéir, mais ils le font car ils ne trouveraient pas ailleurs un prix égal. De cette manière, le grand Khan possède toutes les richesses de ses Etats (1).

Lorsqu'un billet est détérioré, on le porte à la Monnaie, et moyennant trois pour cent de change, on en

______

(1) Ce singulier système enrichit son promoteur, le Ministre des finances Achmet, mais il exaspéra la population et Achmet fut assassiné, comme nous l'avons vu. L'emploi du papier-monnaie continua pourtant et fut une des causes les plus certaines de la chute de la dynastie mongole, qui fut renversée par celle des Ming en 1367, soixante-quatorze ans après la mort de Khoubilaï.

reçoit un neuf. Si quelqu'un a besoin d'or, d'argent, de pierres précieuses ou de perles pour faire exécuter quelque joyau, il va à la Monnaie, achète ce qu'il veut et paie en papier.

CHAPITRE XXV

L'ADMINISTRATION ET LES POSTES

Le grand Khan a désigné douze ministres pour administrer les vingt-trois grandes provinces de ses États. Ils habitent tous ensemble dans un riche palais à l'intérieur de Cambaluc. Dans ce palais, habitent aussi les juges et les secrétaires des provinces, qui exécutent les ordres des ministres. Quand il s'agit d'un cas important, les ministres demandent eux-mêmes au souverain ses instructions. Ils nomment aux emplois des vingt-trois grandes provinces, puis informent de leur choix le grand Khan qui confirme les nominations et donne aux nouveaux fonctionnaires une tablette d'or, signe de leur autorité. Les douze ministres règlent aussi l'emplacement des armées et les envoient là ou leur présence est utile. On appelle leur collège la Cour principale et c'est le nom qu'on donne au palais où ils demeurent.C'est la plus haute autorité qui existe dans les États du grand Khan et ils peuvent faire du bien à qui il leur plaît.

De Cambaluc partent des routes en grand nombre qui se dirigent vers les provinces. Chaque route porte le nom de la province où elle mène.Sur chacune d'elles, à 25 milles de la capitale, les messagers du Khan trouvent une poste de chevaux qu'on appelle *Camb*. Une hôtellerie riche et spacieuse est installée pour les recevoir avec des lits, des draps de soie et tout ce dont les voyageurs ont besoin. Si un roi y venait, il y serait dignement logé. Ces postes abritent jusqu'à quatre cents chevaux. A chaque relai de 75 ou de 50 mille, il y a une poste semblable, c'est ainsi que les messagers du Khan voyagent sur les grandes routes. Quand ils franchissent des endroits déserts, ils y trouvent encore des postes établies sur l'ordre du grand Khan, elles sont seulement plus éloignées ; l'intervalle qui les sépare est de trente-cinq à quarante-cinq milles. Mais elles sont pourvues de chevaux et d'approvisionnements, si bien que les courriers du prince, dans tous les pays où ils circulent, ne manquent de rien. C'est bien le signe le plus certain de grandeur et de puissance qui ait été vu jusqu'ici. Jamais empereur, roi ou seigneur ne posséda une telle richesse. Sachez qu'en vérité les postes, qui sont au nombre de dix mille, abritent plus de trois cent mille chevaux réservés aux messagers du grand Khan. La chose est si merveilleuse qu'à peine peut-on l'écrire.

Je vous en conterai encore une autre que j'avais oubliée. Sur toutes les routes, le grand Khan a fait bâtir, entre les postes de chevaux, à des intervalles de trois milles, de petites tours entourées de quarante maisons, où logent des hommes qui portent à pied des messages de la façon suivante. Chacun d'eux est muni d'une ceinture garnie de clochettes que l'on entend au loin quand il se déplace. Il part et court de toute sa force pendant les trois milles qui le séparent de l'autre tour. Là, on a été averti par le bruit des clochettes et un homme se tient tout prêt. Quand le premier courrier arrive, il prend un reçu qu'un secrétaire a préparé, et donne son message à celui qui attend. Celui-ci part à son tour et court trois autres milles jusqu'à l'autre tour où il est relayé. Par ce moyen, les messages du grand seigneur ne mettent qu'un jour et une nuit à franchir l'espace qui exigerait dix journées de marche, car ces hommes courent nuit et jour. En cas de besoin, dix jours et dix nuits leur suffisent pour parcourir une distance de cent journées. Souvent ils apportent en un jour au grand Khan des fruits cueillis à dix jours de marche. Ceux qui remplissent ce service sont exempts d'impôts et rétribués.

Il y a dans ces tours des hommes pourvus de ceintures à clochettes qui, s'il est besoin de transmettre en hâte des nouvelles au gouverneur d'une province, couvrent le jour, et même la nuit, de deux cent cinquante à trois cents milles. Voici comment. Ils choisissent à la poste un cheval frais et bon coureur et tirent de lui le train le plus rapide qu'ils peuvent. A la poste prochaine, où on les a entendus venir, un homme s'est apprêté, monté lui aussi sur un excellent cheval. Il reçoit la lettre et gagne à grande allure la poste suivante où il trouve un homme et un cheval frais. Ainsi la lettre va de poste en poste, tant que c'est merveille. On fait grand cas de ces hommes : ils ont la tête, la poitrine et le ventre serrés de bandes pour pouvoir résister. Ils sont pourvus d'une table de commandement et si, en cours de route, leur monture vient à s'abattre, ils obligent le premier cavalier qu'ils rencontrent à leur céder sa bête.

Les chevaux des postes ne coûtent rien au grand Khan. Il les prend à son gré parmi les chevaux qu'élèvent les habitants des environs. Cependant, pour les postes établies dans les lieux déserts, c'est le prince qui les pourvoit de chevaux.

CHAPITRE XXVI

LES LARGESSES DU GRAND KHAN

Le grand Khan se fait informer si, dans toute l'étendue de ses Etats, certains de ses sujets ont eu leur récolte perdue par l'intempérie des saisons ou pour un autre motif. Ceux qui ont ainsi souffert, il les exempte d'impôts pour cette année et leur donne de ses propres récoltes, afin qu'ils puissent se nourrir et faire les semailles. C'est là le fait d'un bon prince. Pendant l'hiver, il agit de même envers ceux qui ont perdu du bétail.

Quand la récolte est abondante, il achète d'importantes quantité de grain et le fait amasser dans de vastes greniers, où on le garde si bien qu'il se conserve trois ou quatre ans. C'est du grain de toute espèce : froment, orge, mil, riz. Quand il arrive disette d'une sorte de grain, le souverain fait prendre dans ses greniers celui qui manque. Si on le vend un pesant de la mesure, il en fait donner quatre mesures pour le même prix jusqu'à ce que la cherté cesse.

Le grand Khan distribue de larges aumônes aux pauvres de Cambaluc. Il choisit les familles les plus misérables qui logent parfois à six, huit ou dix dans une maison. Le nombre en est considérable. Il leur fait donner chaque année assez de blé pour leurs besoins.

En outre, ceux qui veulent aller chaque jour demander l'aumône dans sa cour sont admis librement et reçoivent un grand pain chaud. Ils sont chaque jour trente mille mendiants et cela dure toute l'année. Ainsi se manifeste la grande bonté du prince qui a pitié de son pauvre peuple. Celui-ci l'aime tant qu'il l'adore comme un dieu.

CHAPITRE XXVII

Quelques particularités du Catay

Le grand Khan a fait planter, le long des routes importantes, des arbres à intervalles de deux à trois pas. Ainsi elles sont signalées de loin par ces arbres hauts et rapprochés, ce qui évite aux voyageurs de s'égarer. En outre, leur ombrage dans les lieux déserts réconforte grandement les marchands qui cheminent.

La plus grande partie des habitants du Catay boivent d'un vin fait de riz fermenté et relevé d'épices. Cette boisson est meilleure qu'aucun vin ; elle est de belle couleur et limpide. Elle enivre plus vite que tout autre breuvage.

Il y a au Catay une espèce de pierre noire qu'on extrait des mines dans les montagnes et qui brûle comme du bois.Ces pierres maintiennent même mieux le feu que ne ferait du bois. Car si vous les mettez dans le foyer le soir, vous trouvez encore du feu le matin. Elles sont si bonnes que dans tout le pays on ne brûle point autre chose. Les habitants ont pourtant du bois, mais ils ne s'en servent pas pour le feu, car les pierres valent mieux et coûtent moins cher.

8 — Le pont sur le Lon-Kéon.

CHAPITRE XXVIII

LE PONT DU POULISANGIN

Un jour, le grand Khan manda messire Marco Polo, qui dicte ces récits, et l'envoya dans un pays vers l'Ouest. Marco Polo quitta donc Cambaluc et pendant quatre mois fit route vers l'Ouest et je vous dirai ce qu'il vit dans son voyage.

Quand on a chevauché dix milles après être parti de Cambaluc, on rencontre un très grand fleuve, le Poulisangin, qui se jette dans l'Océan. Des marchands le suivent avec leurs marchandises. On y voit un très beau pont de pierre comme il n'en existe que fort peu. Il est long de trois cents pas et large de huit. Dix hommes à cheval y peuvent passer de front. Il a vingt-quatre arches et est construit tout en marbre gris. De chaque côté du pont, par dessus, règne un parapet fait de colonnes de marbre. Chaque colonne repose sur un lion de marbre et supporte elle-même un autre lion. Tous ces animaux sont beaux, grands et artistement sculptés. L'espace entre les colonnes est fermé par des balustrades de marbre gris afin d'empêcher que les passants ne tombent à l'eau.

Quand on quitte le pont et qu'on chevauche trente milles vers l'Ouest, à travers une contrée pleine de vignes, de vergers, de champs cultivés, de sources et semée d'hôtelleries, on trouve une ville nommée Giugiu (1). Elle est grande et belle ; elle contient de nombreux monastères de religieux idolâtres ; ses habitants se livrent au commerce et à l'industrie : ils fabriquent des étoffes de soie et d'or. Il y a des hôtels pour les voyageurs.

(1) Tcho-tchéou.

CHAPITRE XXIX

LA LÉGENDE DU ROI D'OR

Après dix journées de marche vers l'Ouest, en traversant un pays garni de vignobles au milieu desquels s'élèvent quantité de villes et de bourgs, on atteint la cité de Taianfu (1), capitale du royaume de ce nom. Neuf journées plus loin se trouve la célèbre forteresse du Catay. Elle fut construite par un roi qu'on appelait le roi d'Or. Elle renferme un vaste et beau palais où se trouvent les portraits de tous les anciens rois du pays.

Or je vous raconterai une légende qui se répète parmi les habitants. Jadis la guerre éclata entre le roi d'Or et le Prêtre Jean. Celui-ci était très dépité de ne pouvoir aller attaquer son ennemi dans la forteresse du Catay. Un jour, dix-sept jeunes gens de sa cour vinrent le trouver et lui proposèrent de lui amener le Roi d'Or vivant. Il accepta avec joie leur offre.

Ils partirent donc, accompagnés d'écuyers et se rendirent près du roi d'Or. Ils lui dirent qu'ils étaient venus de régions lointaines pour lui offrir leurs services. Sans défiance, le roi les accueillit, et bientôt il fut très content d'eux et les chérissait fort.

(1) Thaï-yuan-fou.

Ils restèrent ainsi deux ans près de lui, en hommes étrangers à toute pensée de trahison. Un jour, le roi partit pour une partie de plaisir. Il les emmena avec un petit nombre de serviteurs, car ils avaient toute sa confiance. Quand leur troupe eut traversé une rivière qui coulait à un mille de la forteresse, ils se dirent que le moment était venu d'exécuter leur projet. Mettant l'épée à la main, ils sommèrent le roi de les suivre ; sinon, ils le tueraient. Le roi, tout étonné et saisi de peur, leur dit :

« Que faites-vous ? où voulez-vous m'emmener ?

— Que vous le vouliez ou non, vous viendrez avec nous jusqu'auprès de notre maître, le Prêtre Jean. »

En entendant ces mots, le roi entra dans une grande affliction :

— « Pour Dieu, supplia-t-il, ayez pitié de moi. Vous savez que dans mon palais je vous ai chéris et comblés d'honneurs, et voilà que vous voulez me livrer à mon ennemi. Si vous le faites, vous commettrez une action mauvaise, déloyale et honteuse ».

Ils lui répondirent qu'il fallait qu'il en fût ainsi et ils le conduisirent au Prêtre Jean.

Quand celui-ci le vit, il fut tout joyeux.

« Sois le mal venu ! » s'écria-t-il.

Le roi d'Or ne répondit rien. Alors le Prêtre Jean commanda qu'on le prît et qu'on le mît à garder les troupeaux. Il voulait ainsi l'humilier et lui montrer son néant.

Le roi d'Or passa deux ans à garder les troupeaux. Au bout de ce temps, le Prêtre Jean le fit venir devant lui, le combla de marques d'honneur et le revêtit de riches vêtements.

« Sire roi, lui dit-il, as-tu maintenant compris que tu n'es pas capable de me tenir tête ?

— Oui, beau Sire, je le reconnais, répondit le roi d'Or.

Alors le Prêtre Jean :

« C'est assez : désormais je te ferai honorer et servir. »

Il lui donna des chevaux, un équipage, une escorte et le renvoya chez lui. Depuis, le roi d'Or le tint pour son seigneur.

CHAPITRE XXX

Le Quiansuy ou Yan-tse-Kiang

Dans la ville de Syndifu (1), capitale de la province de Sardansu (2), court un fleuve profond, large d'un demi-mille, et qui va se jeter dans l'Océan, à 80 ou 100 journées de là, c'est le Quiansuy (3). Sur ce fleuve circulent tant de bateaux et les marchands y transportent tant de marchandises que ceux qui l'entendraient dire sans l'avoir vu ne pourraient le croire. On ne dirait pas un fleuve, mais une mer, tant il est large.

On le franchit sur un pont large de huit pas et long d'un demi-mille. De chaque côté se dressent des colonnes de marbre qui soutiennent une voûte de bois ornée de riches peintures. Le pont est chargé de boutiques et d'échoppes d'artisans ; elles sont en bois, on les place le matin et on les retire le soir. Sur le pont existe un bâtiment où l'on perçoit la douane pour le compte du grand Khan. Les droits perçus chaque jour atteignent mille poids d'or fin (4).

(1) Tching-tou-fou.
(2) Sse-tchouen.
(3) Yan-tse-kiang.
(4) C'est-à-dire environ 5.000 francs-or.

CHAPITRE XXXI

LES MERVEILLES DU THIBET

La province de Thibet a été ravagée pendant les guerres de Mangon Khan. On y trouve un grand nombre de villes et de forteresses en ruines. Il y pousse des bambous gros de trois paumes et longs de quinze pieds. L'intervalle entre chaque nœud est de trois paumes. Les marchands et autres voyageurs qui passent la nuit dans cette région prennent ces bambous et en font de grands feux ; ils brûlent avec un bruit si formidable que les lions, les ours et toutes les bêtes sauvages sont effrayés et s'enfuient au loin, sans oser approcher. Ainsi les voyageurs se protègent, eux et leurs animaux, contre les bêtes sauvages qui pullulent dans ces contrées dévastées, car elles s'y sont multipliées depuis que les hommes y ont été détruits. Sans ces bambous, personne ne se risquerait à traverser ces solitudes.

On les cueille verts et on en jette plusieurs à la fois dans le feu. Au bout de quelque temps, l'écorce se fend ; le bruit qu'elle fait en éclatant s'entend, la nuit, jusqu'à dix milles. Ceux qui n'y sont pas habitués ne pourraient le supporter sans s'évanouir ou mourir de frayeur. Mais l'accoutumance fait qu'on ne s'en effraie plus. Quand on l'entend pour la première fois, il faut se garnir les oreilles de coton, puis s'enfouir la tête et le visage sous le plus de vêtements possible. De la sorte on évite la première secousse et l'habitude finit par venir. Quant aux chevaux qui ne sont pas habitués, ils brisent leurs entraves ; plusieurs se sont ainsi perdus. Aussi maintenant les voyageurs attachent solidement leurs bêtes et leur entravent les quatre pieds ; puis ils leur bandent la tête, les yeux et les oreilles. Quand les chevaux ont entendu le bruit plusieurs fois, leur frayeur diminue. Mais, la première fois, il n'y a rien au monde de si épouvantable. Malgré cette précaution, les voyageurs sont parfois attaqués par des lions, des ours et autres bêtes féroces.

Le Thibet est une province très vaste. Les habitants en sont idolâtres, inhospitaliers, moqueurs et enclins au vol. Ils tirent leurs ressources de la chasse, de l'élevage et de la culture. C'est là que vit l'animal qui produit le musc et qu'on appelle *gonderi*. Les habitants le prennent avec l'aide de chiens qui sont grands comme des ânes.

Les rivières et les lacs du Thibet contiennent des paillettes d'or. On trouve aussi dans cette province du corail qui est très estimé et dont on orne le cou des femmes et des idoles. Enfin il y a des épices inconnues en Europe.

C'est là que se rencontrent les plus puissants enchanteurs. Leur art diabolique leur permet d'accomplir des prodiges inouïs. Je ne vous les raconterai pas car cela ne servirait qu'à scandaliser (1).

Je ne vous parlerai pas davantage du Thibet. Sachez seulement qu'il appartient au grand Khan. Tous les royaumes et provinces dont il est question dans ce livre appartiennent au grand Khan. Ceux-là même qui sont soumis au fils d'Argon, le seigneur de l'Orient, sont au grand Khan, car le fils d'Argon est son vassal.

(1) Le P. Huc, dans ses *Souvenirs d'un voyage dans le Thibet*, raconte qu'il a vu lui-même un arbre né, disait-on, de la chevelure de Boudha et dont chaque feuille portait un caractère thibétain. Il ajoute : « Nous cherchâmes partout, mais toujours vainement, quelque trace de supercherie ; la sueur nous en montait au front. »

CHAPITRE XXXII

LE GAÏNDU ET LA MONNAIE DE SEL

Dans la province de Gaïndu (1) se trouve un lac plein de perles. Le grand Khan ne permet pas qu'on les pêche, car elles sont en si grand nombre que leur prix serait avili. Il en fait prendre seulement pour son usage et autant qu'il lui plaît.

Il y a aussi une montagne où l'on trouve en abondance de fort belles turquoises. On ne peut les extraire qu'avec la permission du grand Khan.

Les habitants de cette province ont pour monnaie de l'or en barre, qu'ils estiment selon son poids. Ils n'ont pas de pièces frappées. Pour les menus échanges, ils se servent d'une monnaie particulière. Ils font cuire du sel et le mettent dans un moule qui peut en contenir une livre et demie. Quatre-vingts de ces pains valent la sixième partie d'une once d'or (2).

Le pays est plein de bêtes à musc et les lacs sont très poissonneux. Il y a des lions, des ours, des daims, des loups, des chameaux et des oiseaux de toute espèce. Le vin de raisin est inconnu ; on fabrique une excellente boisson avec du blé, du riz et des épices. Dans

(1) Assam.
(2) 16 francs environ.

cette province croissent des girofliers et de petits
arbustes dont les feuilles ressemblent à celles du lau-
rier mais sont plus longues et plus étroites. La fleur
est blanche et petite comme celle du giroflier (1).

(1) Il s'agit de l'arbuste qui produit le thé.

CHAPITRE XXXIII

Le Caraïan et ses serpents monstrueux

La province de Caraïan (1) produit du blé et du riz, mais le blé y est mauvais et les habitants ne font pas de pain ; ils se nourrissent de riz ; ils en fabriquent aussi un breuvage limpide et de goût excellent. Comme monnaie, ils se servent de coquillages blancs comme de la porcelaine qu'on trouve dans la mer et qui viennent des Indes. Ils mangent la viande crue. Ils prennent le foie au moment où on le retire de l'animal, le coupent en menus morceaux et le mettent dans une sauce faite d'eau chaude et d'épices.

Les ruisseaux et les lacs contiennent en abondance des paillettes d'or. L'or est commun dans le pays et ne vaut que six fois l'argent.

Dans cette contrée vivent des serpents d'une grosseur si démesurée que leur aspect épouvante ceux qui les voient. Ils sont d'une laideur étonnante. Ils ont dix pas de long, tantôt plus, tantôt moins. Ils sont gros comme une tonne. Ils ont deux jambes par devant, près de la tête, mais n'ont pas de pattes, sinon une griffe semblable à celle d'un lion ou d'un faucon. Leur tête est énorme et leurs yeux plus grands qu'un grand

(1) Le Yun-nân.

pain. Leur gueule est assez large pour engloutir un homme. Ils sont si affreux et si féroces qu'il n'existe pas d'homme ou d'animal qui ne les redoute.

Voici comment on les capture. Le jour, ils restent sous terre à cause de la grande chaleur. La nuit, ils sortent pour se nourrir et dévorent toutes les bêtes qu'ils peuvent atteindre. Ils vont boire aux rivières, aux ruisseaux et aux lacs. Leur poids est tel que leur queue trace dans le sable un sillon profond comme si on avait traîné un tonneau plein. Les chasseurs, qui savent que les serpents suivront au retour le même chemin, disposent leur piège sur cette piste. Ils fichent très profondément en terre un pieu, et y adaptent un fer tranchant comme un rasoir. Puis ils recouvrent le tout de terre pour en cacher la vue aux serpents. Ils placent plusieurs de ces engins sur les voies des serpents. Quand ceux-ci passent, le fer leur entre par le ventre et les fend jusqu'au nombril. Ils meurent sur le champ. Les chasseurs leur ôtent le fiel des entrailles et le vendent très cher. C'est un remède merveilleux. Si on en fait avaler gros comme le poids d'un petit denier à un homme mordu par un chien enragé, il est aussitôt guéri. Si quelqu'un a la gale ou un furoncle, il suffit pour le guérir de mettre sur le mal un peu de ce fiel. On vend aussi la chair, car les gens du pays la mangent volontiers. Quand ces serpents ont grand faim, ils vont quelquefois au gîte des lions, des ours, et d'autres bêtes puissantes. Là, ils dévorent les petits sans que les parents puissent les défendre. Ils dévorent aussi les hommes qu'ils attrapent.

Dans cette province de Caraïan, on élève des chevaux de grande taille qu'on va vendre aux Indes. On leur coupe l'extrémité de la queue pour qu'ils ne puissent en frapper leurs cavaliers. Les habitants montent à cheval comme en France ; ils ont des armures de cuir bouilli, des lances, des boucliers et des arbalètes ; ils se servent de flèches empoisonnées. Avant la conquête du grand Khan, s'ils recevaient comme hôte quelque étranger qui leur parût de bonne mine, ils l'empoisonnaient.

Ce n'était pas pour le voler, mais ils croyaient que l'esprit du mort restait dans la maison où on l'avait fait mourir. Depuis trente-cinq ans que le grand Khan les a conquis, il les a forcés à abandonner cet usage.

CHAPITRE XXXIV

LES ENCHANTEURS DE LARDANDAN

Dans la province de Lardandan (1) les gens ont tous les dents dorées, car ils les recouvrent de lamelles d'or, celles de dessous aussi bien que celles de dessus. Les hommes ne font que guerroyer, chasser et oiseler. Les femmes et les esclaves exécutent tous les travaux.

Les habitants se nourrissent de riz et de viande crue ou cuite. Ils fabriquent une excellente boisson avec du riz relevé d'épices. Leur monnaie est d'or, mais ils se servent aussi de coquillages. Chez eux, l'or ne vaut que cinq fois son poids d'argent, car il n'existe pas de mine de ce métal à moins de cinq mois de marche. Aussi beaucoup de marchands viennent-ils dans ce pays changer de l'argent contre de l'or. C'est un commerce très lucratif.

Les indigènes n'ont pas d'église, ils adorent l'ancêtre de leur famille. Ils ne savent ni lire ni écrire ; leur pays est écarté, plein d'endroits sauvages, de grands bois et de hautes montagnes : l'air y est si corrompu qu'aucun étranger n'y peut vivre. Quand les habitants concluent un marché, ils prennent un morceau de bois rond ou carré et le fendent en deux. Sur chaque moitié,

(1) Kin-Tchi, dans le Yun-nan, à la frontière actuelle de l'Indo-Chine.

ils font deux ou trois encoches. Au moment du paiement, le débiteur reprend son morceau de bois.

Dans ces contrées, il n'y a pas de médecin. Si quelqu'un tombe malade, il fait venir les enchanteurs. Ils arrivent et questionnent le patient sur son mal. Ensuite ils jouent de la musique, puis se mettent à chanter et à sauter. Ils sautent ainsi jusqu'à ce que l'un d'eux tombe à terre, inanimé et semblable à un mort : c'est que le diable lui est entré au corps. Quand ses compagnons le voient en cet état, ils l'interrogent sur la nature de la maladie. L'autre leur répond :

« C'est tel esprit que le patient a irrité et qui se venge. »

Alors les enchanteurs :

« Nous te supplions de lui pardonner et de lui rendre la santé, en prenant de son sang ou de ses biens tout ce qu'il te plaira. »

Parfois l'enchanteur répond :

« Le malade a très gravement offensé tel esprit et celui-ci est si méchant qu'il ne lui pardonnera pour rien au monde. »

Ces mots indiquent que le malade mourra.

Au contraire, s'il doit guérir, l'enchanteur ordonne de prendre deux ou trois moutons, et aussi de fabriquer avec des épices très chères plusieurs breuvages de goût exquis. Il faut que les moutons aient la tête noire ou une autre couleur désignée. Breuvages et moutons seront offerts à l'esprit qu'on évoquera, en présence d'un certain nombre d'enchanteurs et de femmes. L'offrande sera faite en grande pompe, parmi des chants, des lumières et des parfums.

Telle est la réponse de l'esprit quand le malade doit guérir. L'enchanteur qui l'a donnée se lève. Les parents prennent des moutons de la couleur indiquée, les égorgent et en répandent le sang en l'honneur de l'esprit. Puis ils les font cuire dans la maison du malade. Les enchanteurs et les femmes viennent, aussi nombreux qu'il a été prescrit. Quand tout est prêt, ils se mettent à danser, à jouer de la musique et à chanter en l'honneur de l'esprit. Puis ils prennent du bouillon où a cuit la viande, du breuvage et du bois d'aloès. qu'ils brûlent comme de l'encens. Ils répandent ça et là le bouillon et le breuvage. Bientôt l'un d'eux tombe à terre, l'écume à la bouche. Ses compagnons lui demandent si le malade a obtenu son pardon. Parfois la réponse est « Oui » ; d'autres fois : « Non ». Quand le pardon n'a pas été accordé, l'esprit indique telle ou telle nouvelle cérémonie à accomplir. Les enchanteurs les accomplissent aussitôt, jusqu'à ce qu'ils reçoivent l'assurance que le malade a obtenu son pardon et sera bientôt guéri. Alors ils déclarent que l'esprit est satisfait et se mettent à table en grande allégresse. Celui qui gisait à terre se lève et mange avec eux. Quand le festin est fini, chacun rentre chez soi. Aussitôt le malade se lève, complètement rétabli.

CHAPITRE XXXV

LA DÉFAITE DU ROI DE MIEN

Dans cette province de Lardandan se livra naguère une grande bataille. Ce fut en l'an 1272 du Christ, le grand Khan n'avait pas encore établi un de ses fils pour régner sur ces contrées, mais il avait envoyé une armée pour les défendre contre toute invasion. Le roi de Mien (1) et de Bengale régnait sur un territoire vaste, riche et peuplé. Il n'était pas alors soumis au grand Khan mais peu de temps devait s'écouler avant qu'il subît, lui aussi, la conquête. Quand il sut que l'armée tartare occupait le royaume de Lardandan, il forma le projet de la détruire pour que jamais le grand Khan ne s'avisât d'envoyer d'armée dans ces régions.

Il fit de grands préparatifs, rassembla deux mille éléphants et fit placer sur chacun d'eux une tour en bois qui contenait de douze à seize hommes armés. Il réunit aussi 60.000 cavaliers et fantassins. De tels préparatifs montraient bien qu'il était un puissant souverain et son armée était capable d'accomplir de grands exploits.

Sitôt prêt, il se mit en chemin pour attaquer les

(1) Annam.

Tartares. Arrivé à trois journées de marche de leur armée, qui se trouvait dans la ville de Vulcian, capitale du royaume de Lardandan, il fit halte pour laisser reposer ses soldats.

Quand le général tartare qui s'appelait Nescraindin apprit que le roi de Mien marchait contre lui avec une si nombreuse armée, il fut inquiet car il n'avait que douze mille cavaliers. Mais c'était un preux et un sage, il avait l'expérience de la guerre et était excellent capitaine. Rassemblant les siens, il les harangua et les exhorta à se défendre vigoureusement, en soldats éprouvés qu'ils étaient. Puis, avec ses douze mille cavaliers, il marcha droit à l'ennemi. Il s'arrêta dans la plaine de Vulcian et y attendit la bataille. Il avait habilement choisi le lieu parce qu'il y avait à proximité une forêt épaisse.

Le roi de Mien, avec son armée reposée, arriva dans la plaine qu'occupaient les Tartares. Quand il fut à un mille de l'ennemi, il fit apprêter ses éléphants et les hommes prirent place dans les tours en bois. Puis, ayant disposé en bon ordre cavaliers et fantassins, il mit ses troupes en mouvement pour engager la bataille. Les Tartares, sans s'étonner, s'avancèrent en belle attitude. Les deux armées se touchaient presque et le combat allait commencer. Tout à coup, les chevaux tartares effrayés à la vue des éléphants tournèrent bride. Leurs cavaliers ne savaient que faire, car ils voyaient bien que, s'ils ne pouvaient faire avancer leurs montures, ils allaient perdre la bataille. Mais leur général avait tout prévu. Il ordonna à ses hommes de mettre pied à terre, d'attacher leurs chevaux aux arbres de la forêt, et de se servir de leurs arcs, arme qu'ils savent mieux manier qu'aucun autre peuple. Ils obéirent et, criblant de flèches les éléphants qui avançaient, ils en tuèrent ou en blessèrent un grand nombre, ainsi que beaucoup des soldats qui se trouvaient dans les tours de bois. Ceux-ci tiraient bien aussi sur les Tartares, mais ils étaient moins adroits et leurs arcs étaient moins bons.

La douleur affola les éléphants, sur qui les flèches pleuvaient sans répit. Ils tournèrent le dos et prirent la fuite : pour rien au monde, on ne les aurait fait avancer contre les Tartares. Ils fuyaient avec tant de bruit et de confusion qu'il semblait que le monde allait s'écrouler. Ils entrèrent dans la forêt, courant çà et là, rompant les traits, brisant les tours, détruisant tout.

Alors les Tartares remontèrent à cheval et abordèrent l'ennemi. Un combat très dur commença. Les adversaires s'attaquaient avec acharnement et échangeaient de grands coups d'épée et de massue. Les soldats du roi étaient plus nombreux, mais moins braves et moins entraînés ; sans cela, les Tartares, qui n'étaient qu'une poignée d'hommes, n'auraient pu soutenir le choc. Là périrent en grand nombre cavaliers, chevaux et fantassins ; on tranchait bras, mains, cuisses et têtes : la cohue était si épaisse que beaucoup tombaient à terre et ne pouvaient se relever. Si forts étaient les cris et le tumulte qu'on n'eût pas entendu Dieu tonner. La mêlée était très cruelle et très sanglante de part et d'autre, mais les Tartares avaient le dessus. Quand le combat eut duré jusqu'à midi, le roi et les siens plièrent et prirent la fuite. Les Tartares s'élancèrent derrière eux, en faisant un tel massacre que c'était pitié de les voir. Après les avoir poursuivis quelque temps, ils s'arrêtèrent et retournèrent à la forêt pour capturer les éléphants qui s'y étaient réfugiés. Ils abattirent de grands arbres qu'ils plaçaient sur leur passage pour les arrêter. Mais ils n'y seraient pas parvenus sans l'aide des prisonniers qui étaient habitués aux éléphants et qui se faisaient écouter par eux, car ce sont les plus intelligents des animaux. Ils en prirent ainsi deux cents et c'est depuis cette bataille que le grand Khan a eu des éléphants en quantité.

CHAPITRE XXXVI

LE ROYAUME DE MIEN ET LES DEUX TOURS D'OR ET D'ARGENT

Après avoir franchi un désert de quinze jours de marche, on arrive à la ville d'Amien (1) qui est la capitale du royaume de Mien. Les habitants en sont idolâtres et parlent un langage particulier. On y trouve un très beau monument dont je vais conter l'histoire.

Jadis un roi puissant régnait dans la ville. Il avait ordonné que sur son tombeau fussent bâties deux tours, l'une d'or, l'autre d'argent. Elles sont construites en pierres, mais recouvertes de plaques d'or ou d'argent épaisses d'un doigt si bien qu'on les dirait entièrement en or et en argent. Chacune a dix pas de circonférence et est haute en proportion. Le sommet est tout entier couvert de clochettes d'or ou d'argent, qui sonnent chaque fois que le vent les agite. Ces tours attestent la grandeur du roi qui les fit construire et l'on voit dans l'univers peu de spectacles aussi beaux. Elles sont édifiées avec art et leur valeur est considérable. Quand le soleil les touche, il les revêt d'un éclat qui brille au loin.

Voici comment le grand Khan fit la conquête du

(1) Paghan.

royaume de Mien. Il avait à sa cour beaucoup de jongleurs et de baladins. Un jour, il leur ordonna de conquérir ce royaume, il les équipa, leur donna un chef avec un corps de soldats auxiliaires et les fit partir. C'est ainsi qu'ils allèrent jusqu'au royaume de Mien et s'en emparèrent. Quand ils virent les deux tours d'or et d'argent, ils furent saisis d'admiration et demandèrent au grand Khan ce qu'il entendait faire de pareil trésor. Lui, sachant qu'elles avaient été construites pour exécuter la dernière volonté d'un roi, pensa à lui-même après sa mort. Il ordonna de ne pas démolir les tours et de les laisser telles qu'elles étaient. Cette décision ne doit pas étonner, car les Tartares n'aiment pas à rien toucher qui appartienne à un mort.

CHAPITRE XXXVII

Le royaume de Bengale

Le Bengale est une région vers le sud. En l'an 1290, quand messire Marco Polo était à la cour du grand Khan, celui-ci ne l'avait pas soumis, mais ses armées en avaient entrepris la conquête. C'est une contrée qui a un langage particulier et qui est peuplée d'idolâtres. Elle est voisine des Indes. On y trouve des bœufs dont la taille égale celle des éléphants, mais ils sont moins gros. Les habitants vivent de viande, de lait et de riz. Ils fabriquent beaucoup d'étoffes de coton. On trouve chez eux du gingembre, du sucre et toutes sortes d'épices. Les Indiens et les marchands étrangers viennent s'y pourvoir d'esclaves.

CHAPITRE XXXVIII

Les chiens de Cuguy qui chassent le lion

Tous les pays dont nous parlerons dorénavant sont soumis au grand Khan et acceptent sa monnaie de papier. Dans la province de Cangigu (1) les habitants se font tracer sur la peau, à l'aide d'aiguilles, des figures de lion, de dragon et d'oiseau. Une fois tracées, ces images ne s'effacent plus. Les indigènes s'en recouvrent les mains, les bras, le cou et le corps entier. Ces dessins leur semblent une preuve de noblesse. Celui qui en a le plus passe pour le plus beau.

Dans la province de Cuguy (2), les habitants ont des vêtements faits avec l'écorce des arbres. Le pays est si plein de lions que les hommes n'y peuvent dormir la nuit hors de chez eux. Et même quand on passe en bateau, la nuit, sur le fleuve, il faut prendre garde de se tenir loin des bords, sans quoi les lions gagnent le bateau à la nage et dévorent ceux qu'ils peuvent saisir. Ces animaux sont si nombreux, si puissants et si féroces que, n'était une aide précieuse, personne ne pourrait voyager dans cette contrée.

Mais on y trouve des chiens de haute taille, si courageux qu'à deux ils ne craignent pas d'attaquer le

(1) Le Laos.
(2) Kouei-Tchéou.

lion. Les voyageurs en emmènent toujours un couple.
Quand les chiens rencontrent un lion, ils lui courent
sus très hardiment. Ils se tiennent sur ses flancs,
aboyant, le mordant à la queue, à la cuisse, partout
où ils peuvent l'attraper. Le lion fait mine de ne pas
prendre garde à leurs attaques, puis brusquement
il se retourne contre eux et il les tuerait s'il pouvait
les saisir, mais ils savent fort bien esquiver son atteinte.
Il s'enfuit, enfin, poursuivi par leurs aboiements et
cherchant un bois pour s'adosser à un arbre afin que
ses ennemis ne puissent l'attaquer par derrière.
Quand les hommes le voient ainsi s'enfuir, ils prennent leurs arcs dont ils savent très bien tirer et le
tuent à coup de flèches.

Cianglu (1) est une très grande ville située au midi
dans la province de Catay. On y trouve une sorte de
terre très salée. Les habitants en font de grands tas,
sur lesquels ils jettent de l'eau. Ils recueillent ensuite
cette eau, en emplissent de grandes chaudières en fer,
la font bouillir, puis, quand elle est refroidie, en tirent
du sel fin, très beau et très blanc. Ils le vendent avec
grand bénéfice dans les contrées voisines.

(1) Tchang-lou.

CHAPITRE XXXIX

RÉVOLTE ET MORT DE SANGON

Cundinfu (1) est une très belle ville avec des jardins délicieux, pleins d'arbres fruitiers. Elle est peuplée de marchands qui font un très grand commerce, la soie y est en merveilleuse abondance. En l'an 1273 du Christ, le grand Khan y envoya un de ses généraux, Liytan Sangon (2) avec 80.000 hommes pour garder la province. Sangon se conduisit en traître et poussa les habitants à la révolte. Ils l'écoutèrent et, le prenant pour chef, refusèrent obéissance au grand Khan. Celui-ci envoya contre eux deux généraux, Eguil et Montagay (3) avec 100.000 hommes à cheval et un grand nombre de fantassins. Liytan avait levé dans sa province plus de 100.000 hommes à cheval et un grand nombre de fantassins. Il fut néanmoins vaincu. Le grand Khan ordonna de faire mourir dans les supplices ceux qui avaient provoqué la révolte et de pardonner au petit peuple. Ainsi fut-il fait.

Le Caramoran (4) est un fleuve qui vient de la terre du Prêtre Jean. Il est large de plus d'un mille. De grands bateaux y naviguent. Il y en a bien quinze

(1) Taï-ting, dans le Kiang-sou.
(2) Li-tan, dans les annales chinoises.
(3) A-pi-tché et Sse-Tien-tché, dans les annales chinoises.
(4) Fleuve Jaune.

mille qui tous appartiennent au grand Khan. Il s'en
sert pour transporter ses armées dans les mers de
l'Inde, car de cet endroit à la mer il n'y a qu'une journée. Chaque navire exige en moyenne vingt matelots ;
il peut transporter quinze cavaliers avec leurs montures, leurs vivres, leur équipement et leurs armes.

CHAPITRE XL

LE ROYAUME DE MANZI

La province de Manzi (1) avait jadis des rois que l'on appelait Facfur (2). C'étaient de puissants souverains : ils possédaient d'immenses richesses, de nombreux sujets, de vastes territoires. Personne dans le monde entier ne dépassait leur puissance, sinon le grand Khan.

Mais le peuple de ces contrées n'aimait point la guerre et ne songeait qu'aux plaisirs. Il en était de même des rois : ils passaient leur vie dans la mollesse ; leur grand mérite était d'être secourables aux pauvres. Dans toute la province, on n'eût point trouvé un cheval; les habitants ne savaient ni s'armer ni combattre, ils se fiaient sur leurs défenses naturelles, car toutes leurs villes sont entourées de fossés pleins d'une eau profonde et plus larges qu'une portée de trait. Pour peu qu'ils se fussent adonnés aux armes, ils eussent gardé leur pays, mais leur mollesse les perdit.

En l'an 1268 du Christ, le grand Khan qui règne actuellement chargea un de ses officiers Baïan Cincsan, (3) ce qui signifie Baïan aux cent yeux, de con-

(1) Chine méridionale.
(2) Fils du Ciel.
(3) Pe-Yen.

quérir le royaume de Manzi. Les astrologues du roi lui avaient affirmé qu'il ne pouvait être détrôné que par un homme qui aurait cent yeux ; cette prédiction le rassurait, car il ne pensait pas qu'un tel homme pût jamais se rencontrer.

Baïan fit construire quantité de vaisseaux et s'en servit pour transporter jusque devant Coguiganguy (1) l'armée que lui avait confiée son maître. Il somma les habitants de se soumettre au grand Khan, mais ils refusèrent. Alors il passa outre et s'en fut devant une autre ville où il renouvela sans plus de succès sa sommation. Néanmoins il avançait toujours, sachant que le grand Khan enverrait une autre armée derrière la sienne.

Après s'être présenté ainsi devant cinq villes, dont aucune ne voulut ni combattre ni se rendre, il en prit de vive force une sixième. D'autres villes furent successivement emportées jusqu'à un total de douze. Alors Baïan s'en fut devant la capitale du royaume, Quinsay (2), où résidaient le roi et la reine. A l'aspect de l'armée tartare, le roi fut saisi de crainte car il n'avait jamais vu un tel spectacle. Il équipa une flotte de mille vaisseaux et s'enfuit dans les îles de l'Inde. La reine resta dans la ville et se prépara à se défendre de son mieux, en femme vaillante qu'elle était. Elle questionna ses astrologues pour connaître le nom de son adversaire et l'issue du combat. Quand elle sut qu'elle avait affaire à Baïan aux cent yeux, elle com-

(1) Houi-gan-fou, sur le fleuve Jaune.
(2) Lin-gan.

prit qu'il lui enlèverait son royaume et se rendit. Dès lors aucune ville ne fit de résistance. Ainsi s'opéra la conquête de cet immense royaume, où les vainqueurs trouvèrent des richesses sans nombre.

La reine fut conduite au grand Khan, qui la reçut avec de grands honneurs. Quant au roi, son mari, jamais il ne sortit des îles de l'Inde et y mourut.

CHAPITRE XLI

LA BONTÉ DU ROI DE MANZI

Dans ces régions, les enfants du menu peuple que leurs parents ne peuvent nourrir sont abandonnés dès leur naissance. Le roi les faisait recueillir et élever. Quand un homme riche n'avait pas d'enfant, il s'adressait au roi qui lui donnait de ces petits abandonnés. Lorsque les autres avaient grandi, le roi les mariait entre eux et les dotait. Il faisait bien d'autres choses encore. Quand il passait à cheval par sa ville, s'il remarquait une maison plus petite, il s'informait pourquoi elle était ainsi.

— C'est, lui disait-on parfois, qu'elle appartient à un pauvre homme qui n'a pas les moyens de la faire exhausser.

Alors le roi lui donnait de l'argent pour y pourvoir. C'est pourquoi, à Quinsay, capitale de son royaume, on ne voyait point de maison qui ne fût belle. Ainsi le roi maintenait la justice dans ses Etats. Les malfaiteurs y étaient inconnus. La sécurité était si grande que, la nuit, on laissait les portes ouvertes quoique les maisons et les étalages fussent pleins de précieuses marchandises. Nul ne pourrait décrire la richesse et l'honnêteté de ces populations.

9 — Les merveilles de l'Inde apportées au Grand Khan.

CHAPITRE XLII

Siège et prise de Saianfu

Saianfu (1) est une grande et illustre cité qui a sous sa dépendance onze villes riches et puissantes. Il s'y fait beaucoup de commerce et d'industrie. Les habitants sont idolâtres et brûlent leurs morts. Ils acceptent la monnaie de papier du grand Khan auquel ils sont soumis. La ville résista trois ans après la soumission du Manzi. Les soldats tartares essayaient en vain de l'emporter, mais les fossés profonds qui l'entourent ne leur permettaient pas de l'investir. Ils ne l'auraient jamais prise sans une circonstance que je vais vous dire.

Comme le siège durait depuis trois ans, Nicolas et Matteo Polo proposèrent au grand Khan de construire, s'il le voulait bien, des machines qui contraindraient les habitants à se rendre. Le grand Khan accepta avec joie. Aussitôt les deux frères firent construire des pierriers très puissants et les placèrent en plusieurs points autour de la ville. Le grand Khan et ses officiers furent très étonnés de voir ces machines lancer d'énormes pierres. Jamais ils n'avaient vu de pareils engins ni n'en avaient même entendu parler. Cependant

(1) Siang-Yang.

les rochers jetés par les machines dans la ville écrasaient les maisons et tuaient les habitants. Ceux-ci n'avaient point idée de pareille aventure. Saisis d'épouvante, ils se voÿaient déjà tous morts, écrasés par ces pierres, et croyaient qu'ils étaient victimes de quelque enchantement.

Ils tinrent conseil et décidèrent de se rendre. Ils envoyèrent des députés auprès du chef de l'armée tartare, déclarant leur volonté de se soumettre au grand Khan. Leur soumission fut acceptée.

CHAPITRE XLII

LES DOUANES DE CIGUY

La ville de Ciguy (1) est située près de Nankin ; elle n'est pas très étendue, mais il s'y fait un grand commerce et on y trouve un grand nombre de navires. Elle est construite sur le Quian (2), qui est le plus grand fleuve du monde. Il a jusqu'à dix milles de largeur et il y a cent journées de sa source à son embouchure. Les marchandises des diverses parties du monde voyagent le long du fleuve. Aussi la ville est très riche et le grand Khan en tire beaucoup d'impôts. Ce fleuve est si long, il traverse tant de contrées, tant de terres, tant de villes qu'on y voit circuler plus de marchandises et plus de richesses qu'il n'en circule sur tous les fleuves et les mers de la chrétienté. On ne dirait pas un fleuve, mais une mer. Marco Polo tient de celui même qui perçoit le droits pour le compte du grand Khan que, chaque année, plus de deux cent mille navires remontent le fleuve, et l'on ne tient point compte de ceux qui le descendent. Il y a le long du Quian quatre cents grandes villes sans compter les bourgs et les châteaux. Toutes ont leur flotte, composée de navires qui jaugent

(1) Tchi-tchéou.
(2) Le Yan-Tsé-Kiang.

dix à douze mille quintaux. Ils n'ont qu'un mât et une tente (1). On les hâle quand ils remontent le fleuve, car la force du courant est telle qu'ils ne pourraient le vaincre. On se sert à cet effet de cordes longues de trois cents pas et faites de bambous liés ensemble.

Siguy (2) est une ville illustre et étendue. Son enceinte est de soixante milles. Elle est si peuplée qu'on ne peut dire le nombre de ses habitants. S'ils étaient guerriers, eux et les habitants du Manzi, ils conquerraient le reste du monde ; mais ils n'aiment pas le métier des armes. Ce sont des commerçants et des artisans adroits. Dans la ville habitent aussi beaucoup de philosophes et de médecins. Sachez que dans cette ville existent 6.000 ponts, tous en pierre et sous chaque pont il passe un ou deux navires. Cette ville tient dans sa dépendance seize autres villes.

Son nom de Siguy veut dire en français : « la terre ».

(1) Comme les joncques chinoises d'aujourd'hui.
(2) Sou-Tchéou.

CHAPITRE XLIV

La ville de Quinsay, capitale du Manzi

Non loin de Siguy existe une ville dont le nom est Quinsay (1), ce qui veut dire : « le ciel ». C'est bien la plus noble et la plus belle ville qui soit au monde. Quand Baïan conquit la contrée, la reine du Manzi le lui notifia par écrit, lui demandant de transmettre son message au grand Khan afin que celui-ci connût la beauté de cette ville et la gardât de tout dommage.

Voici ce que disait le message de la reine, car il était fidèle, ainsi qu'en témoigne messire Marco Polo qui a vu la ville et la connaît.

La ville de Quinsay a cent milles de tour (1). Elle contient douze mille ponts de pierre assez élevés pour laisser passer un grand navire. Qu'on ne s'étonne pas de ce chiffre, car la ville est bâtie dans l'eau et entourée d'eau : il faut donc des ponts pour y marcher.

Dans la ville, il y a douze corps de métier. Les artisans de chaque corps occupent douze mille maisons. Chaque maison abrite au moins dix hommes, parfois vingt et jusqu'à quarante. Ils ne sont pas tous maîtres, mais beaucoup sont des compagnons qui exécutent les ordres du maître. Il y a du travail pour tous,

(1) Lin-ngan, capitale de la dynastie des Soung.
(2) 10 à 11 lieues.

car plusieurs villes voisines se fournissent à Quinsay.

Les marchands y sont nombreux et riches, plus qu'on ne saurait le dire. Les maîtres de chaque métier, qui sont les chefs des ateliers, ne travaillent pas de leurs mains, non plus que leurs femmes : ils mènent une existence aussi désœuvrée et aussi somptueuse que des rois. La loi interdit aux habitants, posséderaient-ils toutes les richesses du monde, d'exercer un autre métier que celui de leur père.

Dans la cité, il y a un lac qui a trente milles de tour. Sur ses bords s'élèvent les maisons des nobles, ainsi que des monastères et des temples consacrés aux idoles. Au milieu du lac se trouvent deux îles contenant chacune un palais si vaste et si riche qu'on dirait un palais d'empereur. Quand les habitants, au temps du roi, voulaient célébrer une fête, les palais leur étaient ouverts ; ils y trouvaient l'argenterie et tout ce dont ils avaient besoin. Le roi pourvoyait à tous ces frais, pour honorer son peuple. Ainsi les palais étaient publics : s'en servait qui voulait.

Les maisons sont construites en bois, mais il existe de hautes tours de pierre où l'on serre les objets précieux par crainte des incendies.

Les habitants sont idolâtres. Depuis la conquête, ils reçoivent la monnaie de papier. Ils mangent des chiens et d'autres bêtes immondes en horreur aux chrétiens. Par ordre du grand Khan, dix soldats gardent nuit et jour chacun des douze mille ponts pour prévenir tout soulèvement et assurer la police. Dans la ville, il y a une éminence surmontée d'une tour : un homme s'y tient en permanence, dès qu'il aperçoit un incendie ou un désordre quelconque ; il frappe une table de bois avec un marteau qu'il tient à la main. Le bruit retentit au loin et chacun sait qu'il se passe quelque chose d'insolite.

Le grand Khan fait bien garder la ville de Quinsay, parce que c'est la capitale du Manzi et parce qu'il perçoit sur le commerce qui s'y fait des droits dont personne, à moins de l'avoir vu, ne peut estimer l'importance.

Toutes les rues sont pavées de pierres, ainsi que toutes les routes du Manzi. Aussi est-il commode d'y passer à cheval, ce qu'on ne pourrait faire si elles n'étaient pavées, car le pays est bas et l'eau s'y amasse quand il pleut.

Le grand Khan a partagé le Manzi en neuf royaumes et a mis à la tête de chacun un roi qui lui est soumis. Le roi qui réside à Quinsay a sous ses ordres cent quarante villes, toutes grandes et riches. Cette immense contrée du Manzi contient plus de douze cents villes sans compter les bourgs et les châteaux. Dans chaque ville, le grand Khan a placé une garnison. La plus petite est de mille hommes ; il y en a de dix mille, de vingt mille, de trente mille. Tous sont originaires du Catay. Ce sont de bons soldats, mais ils ne sont pas tous montés.

Quand un enfant naît, la coutume du pays est d'inscrire le jour et l'heure de sa naissance et la planète sous le signe de laquelle il est né. Ainsi chaque homme connaît le jour de sa naissance. Avant d'entreprendre un voyage, il consulte les astrologues et ne se met en route que s'ils lui indiquent le moment comme favorable.

Dans cette ville, se trouve le palais du roi de Manzi dont je vous ai conté la fuite. C'est le plus vaste palais qui soit au monde. Il a une enceinte de dix milles, entourée de hauts murs crénelés. Elle renferme des jardins délicieux, pleins de fruits excellents, des sources et des lacs poissonneux. Au milieu s'élève le palais, avec vingt salles spacieuses et une plus grande, où une foule de gens pourraient manger. La salle est recouverte d'or, le toit et les murs ne sont garnis que d'or. Le palais contient mille autres pièces grandes et richement décorées.

La ville a cent soixante rues ; chaque rue, dix mille maisons ; en tout seize cent mille maisons, parmi lesquelles un grand nombre de palais somptueux. Il y a une église de chrétiens nestoriens. Sur la porte de chaque maison est inscrit le nom du chef de famille, de sa femme, de ses enfants, de ses esclaves, de ses hôtes. S'il y a des animaux, ils sont indiqués. Quand quelqu'un vient à mourir, on efface son nom. S'il y a une naissance, on inscrit le nom du nouveau-né. De la sorte, le gouverneur de la ville sait toujours le nombre des habitants.

Voici le compte des droits perçus chaque année pour le grand Khan sur la ville et la province de Quinsay, qui forme la neuvième partie du Manzi. Sur le sel, les droits sont de 20 tomans (1) d'or ; chaque toman vaut 70.000 poids d'or, et chaque poids vaut plus d'un florin. Il y a aussi le sucre, qu'on fabrique ici en grande abondance. Le reste du monde, assurent plusieurs, n'en fabrique pas la moitié du seul Manzi. On paie au Khan trois poids pour cent pesant. Ainsi fait-on pour toutes marchandises et pour toute industrie. Pour le charbon, dont il y a une grande quantité, et pour la soie, qui est en abondance extraordinaire, le grand Khan perçoit dix poids sur cent pesant. Le total de ces impôts dépasse toute mesure et il n'est pas possible de croire ce que chaque année la neuvième partie de cette contrée de Manzi rapporte au grand Khan.

Messire Marco Polo, qui dit ces choses, fut chargé plusieurs fois par le grand Khan d'aller vérifier le compte des impôts. Sans les droits sur le sel, ils s'élèvent à deux cent dix tomans d'or qui valent quinze millions sept cent mille pièces d'or (2), c'est-à-dire un des revenus les plus démesurés dont on ait jamais entendu parler. On peut juger du rendement total par ce chiffre qui s'applique à la neuvième partie de la contrée. Il est vrai que c'est la partie la plus riche et la plus productive. Aussi le grand Khan l'aime beaucoup, la fait soigneusement garder et y maintient les habitants en paix.

(1) Pauthier estime la somme à 50.000.000 de francs ce qui est le chiffre donné par les annales officielles Bien entendu, il s'agit de francs-or.

(2) Cela représente cent quarante millions cent quatre-vingt-onze mille francs, toujours en francs-or. Si l'on ajoute l'impôt de sel, cela fait 950 millions de francs-papier.

CHAPITRE XLV

Le commerce avec les Indes

Dans le royaume de Fuguy (1) qui est, comme Quinsay, l'une des neuf parties du Manzi, les habitants aiment beaucoup la chair humaine. Celle des hommes qui ont succombé à une mort naturelle, ils la repoussent, mais ils mangent celle des hommes qui ont péri de mort violente et la déclarent excellente. Ils se rasent les cheveux et se teignent le front en bleu. Tous combattent à pied, leur chef seul est à cheval. Ils sont armés de lances et leur cruauté est très grande, car je vous dis qu'ils tuent leurs prisonniers, boivent leur sang et se repaissent de leur chair.

Dans leur pays, on trouve une espèce de poules qui n'a pas de plumes, mais des poils. Ces oiseaux sont entièrement noirs ; ils pondent des œufs comme les poules de nos pays et leur chair est bonne à manger.

A cinq journées de Fuguy, on rencontre la ville de Cayton (2). Dans son port viennent les vaisseaux des Indes, chargés d'épices et de marchandises précieuses. Les marchands du Manzi les vont chercher là pour les répandre dans toute la contrée. Pour un vaisseau chargé de poivre qui va à Alexandrie ou dans un pays

(1) Fou-tchéoû.
(2) Thsiouan-tchéou.

chrétien, il y en a cent et plus qui vont à Cayton. Aussi le grand Khan perçoit dans ce port des droits considérables.

Je vous ai parlé du Catay, du Manzi et des contrées voisines, de leurs habitants, de leurs richesses, de l'or, de l'argent et des autres marchandises qu'on y rencontre. Mon œuvre n'est pas encore achevée. Je veux vous parler encore de l'Inde et des Indiens. Je vous dirai à leur sujet des choses surprenantes, mais qui sont rigoureusement exactes. Je les ai écrites comme messire Marco Polo me les a dictées. Il est resté longtemps dans l'Inde. Il a observé et s'est informé avec un tel soin que personne n'a vu ni appris tant de choses que lui.

CHAPITRE XLVI

SYPANGU OU LE JAPON QUE LE GRAND KHAN TENTA VAINEMENT DE CONQUÉRIR

Les navires dont on se sert dans les mers de l'Inde sont faits de sapin. Ils sont divisés en cinquante ou soixante compartiments. Ils sont cloués avec de solides clous de fer. Ils ont deux cents hommes d'équipage et sont assez grands pour contenir cinq ou six charges de poivre. Quand le vent manque, ils manœuvrent à la rame. Ce sont de grandes rames que manient quatre hommes. Chaque navire est accompagné de deux barques, montées de cinquante matelots, qui le remorquent au besoin. Il a, en outre, pour son service, une dizaine de bateaux.

Sypangu (1) est une île du Levant, située dans la haute mer, à cinq cents milles des côtes. Elle est très grande. Les habitants sont de race blanche et policés. Ils adorent les idoles et sont indépendants. Leur sol est riche en or, ils en possèdent de grandes quantités, car leur éloignement du continent fait que peu de marchands les visitent.

Le roi a un grand palais tout recouvert d'or, comme nos églises sont couvertes de plomb. Le plancher est

(1) Le Japon.

garni de lames d'or épaisses de deux doigts et aussi les fenêtres. Ce palais dépasse toute estimation. On trouve aussi dans l'île des pierres précieuses.

Koubilaï Khan, ayant entendu parler des immenses richesses de Sypangu, résolut d'en faire la conquête. Il confia cette mission à deux généraux, Abacan et Jousaichin (1). Il leur donna une flotte puissante et une armée nombreuse. C'étaient deux chefs prudents et courageux. Ils s'embarquèrent à Cayton et dans le Quinsay. Après une longue navigation, ils atteignirent l'île et s'emparèrent de la plaine et des villages, mais sans pouvoir emporter ni une ville ni une citadelle. Alors leur advint un grand malheur.

Un vent violent du Nord souffla et causa d'immenses dégâts dans l'île, où il n'y a que peu de ports. La force de la tempête fut telle que les navires ne pouvaient résister. Alors les Tartares craignirent de voir leur flotte détruite. Ils se rembarquèrent et mirent à la voile. Après avoir navigué quelque temps, ils rencontrèrent une petite île. La tempête les jeta contre la côte et une grande partie de l'armée périt. Trente mille hommes environ échappèrent au désastre. Ils se jugeaient perdus, car ils n'avaient point de vivres et l'île était déserte. Ils voyaient avec anxiété quelques uns de leurs navires, qui s'étaient sauvés, se diriger à force de voiles vers la terre ferme sans même essayer de revenir. C'est que les deux généraux qui commandaient l'armée se haïssaient et se jalousaient : aussi celui

(1) A-tha-thaï et Fan Wen-hou.

qui s'était sauvé ne tenta pas de retourner auprès de son compagnon resté dans l'île. Pourtant il lui aurait été facile de revenir quand la tempête fut calmée, et elle dura peu. Mais il ne le fit pas et regagna directement son pays.

Le roi de la grande île apprit que trente mille hommes échappés à la tempête s'étaient réfugiés dans la petite île et que le reste de la flotte était en fuite. Tout joyeux, il rassembla tous ses navires et se dirigea vers l'îlot. Les Tartares s'aperçurent que leurs ennemis débarquaient et, en hommes de peu d'expérience, ne laissaient personne pour garder leur flotte. Faisant mine de s'enfuir, ils coururent aux navires ennemis, s'en emparèrent sans coup férir et y montèrent. Alors, mettant à la voile, ils cinglèrent vers la grande île, y descendirent et, portant les drapeaux et les insignes du roi, se présentèrent devant la capitale. Sans défiance et trompés par la vue des étendards, les habitants les laissèrent entrer. Aussitôt les Tartares s'emparèrent de la ville et en chassèrent les habitants.

Cependant le roi et les siens, étant montés sur quelques navires, regagnèrent leur île et vinrent assiéger leurs ennemis dans la capitale. Les Tartares résistèrent sept mois, ils combattaient jour et nuit aussi vaillamment que si le grand Khan eût été au courant de leurs exploits, mais leurs efforts étaient inutiles, car ils ne pouvaient informer leur maître. Enfin ils se rendirent et eurent la vie sauve contre promesse de ne jamais quitter l'île. Cet événement arriva en l'an 1279 du Christ. Le grand Khan fit trancher la tête au général qui avait pris la fuite. Il s'arrangea aussi pour faire mourir celui qui était resté dans l'île, car il lui reprochait de ne s'être pas conduit en chef vaillant et habile.

Je veux vous conter un prodige que j'avais oublié. Au début de l'expédition, quand l'armée tartare, débarquée dans la grande île, conquérait la plaine comme je l'ai dit, elle emporta de vive force une tour et décapita la garnison, mais il se trouva huit hommes à qui l'on ne put trancher la tête. Ils s'étaient introduit dans le bras, entre la chair et la peau, des pierres qui se trouvaient dissimulées. Ces pierres étaient enchantées et celui qui les portait ne pouvait être tué par le fer. Les Tartares, informés du sortilège, firent mourir leurs prisonniers à coups de bâton. Ils retirèrent ensuite des cadavres les pierres qu'ils tenaient pour très précieuses.

CHAPITRE XLVII

LES ILES DES INDES

Les idoles du Catay, du Manzi et de l'Inde sont les mêmes. L'une a une tête de bœuf, l'autre a une tête de porc, de chien ou de mouton. Certaines ont quatre têtes. Il y en a qui ont quatre mains, ou dix mains ou mille mains. Celles qui ont mille mains inspirent plus de confiance. Quand un chrétien demande aux indigènes pourquoi ils font ainsi des idoles différents, ils répondent que leurs ancêtres les ont faites telles, qu'ils les laisseront telles à leurs enfants et ceux-ci aux leurs. Ainsi en sera-t-il sans fin de génération en génération.

A Sypangu et dans les autres îles des Indes, quand un ennemi est fait prisonnier, on ne le met pas à rançon. Celui qui l'a pris convie amis et parents. Le prisonnier est mis à mort, on le fait cuire et on le mange, aucun festin ne paraît meilleur.

La mer où se trouvent ces îles s'appelle la mer de Cim, (1) ce qui veut dire la mer qui baigne le Manzi, car les insulaires donnent le nom de Cim au Manzi. Dans cette mer il y a, au compte des pêcheurs et des marins, 7.459 îles. Ils le savent bien, car leur vie se

____

(1) Chine.

10 — La recherche des diamants.

passe à y naviguer. Dans toutes ces îles, on trouve des arbres au bois parfumé comme l'aloès et les épices les plus variées. On y récolte à profusion du poivre blanc comme neige. Elles abondent en richesses : or, pierres précieuses, épices. Quand les navires de Cayton et de Quinsay peuvent y aborder, ils en tirent d'immenses bénéfices.

Le voyage dure un an, on y va en hiver et on en revient en été. Car sur cette mer ne soufflent que deux vents : l'un qui emporte les navigateurs, l'autre qui les ramène. Le premier souffle tout l'hiver, l'autre tout l'été. Cette contrée est si loin de l'Inde qu'il faut longtemps pour s'y rendre. Pourtant on appelle cette mer tantôt mer de Cim, tantôt mer de l'Inde ; sous tous ses noms, c'est la grande mer d'Occident. Messire Marco Polo n'y est jamais allé. L'autorité du grand Khan n'y est pas reconnue.

CHAPITRE XLVIII

COMMENT LE ROI DE CYAMBA SE SOUMIT
AU GRAND KHAN

A 1.500 milles de Cayton, en naviguant vers le Sud-Ouest, se trouve une contrée appelée Cyamba (1). Elle est riche et ses habitants adorent les idoles. Ils parlent un langage particulier et ont leur roi, qui paie au grand Khan un tribut d'éléphants.

En l'an du Christ 1270, le grand Khan envoya contre le roi de Cyamba un de ses généraux nommé Sagatu (2) avec une puissante armée, qui dévasta le pays. Le roi était vieux et incapable de résister à un tel adversaire. Quand il vit les maux qui accablaient son peuple, il envoya au grand Khan des ambassadeurs qui lui parlèrent ainsi : « Notre maître, le roi de Cyamba, vous salue comme son seigneur. Il vous mande qu'il est avancé en âge et a toujours maintenu son royaume en paix. Il veut vous être soumis et vous enverra chaque année, en tribut, autant d'éléphants qu'il vous plaira. Il se remet à votre merci, vous conjurant que vous ordonniez à vos armées de cesser leurs ravages et d'évacuer son royaume qu'il tiendra désormais de vous. »

(1) La Cochinchine.
(2) Sokton.

Touché de compassion par ce message, le grand Khan donna à Sagatu l'ordre de s'en aller vers d'autres conquêtes. C'est ainsi que le roi de Cyamba devint le vassal du grand Khan. Depuis lors, il lui envoie chaque année trente éléphants, les plus beaux qu'on puisse trouver dans le pays.

CHAPITRE XLIX

Les deux Iles de Java

A cinq cent milles de Cyamba, en naviguant vers le Sud, on rencontre la grande île de Java, qui est, d'après les marins de ces régions, la plus grande du monde. Elle a 5.000 milles de circonférence et est soumise à un roi indépendant. Elle est extrêmement riche. Elle produit poivre noir, noix de muscade, gingembre, clous de girofle et toutes sortes d'épices. Elle est fréquentée par une foule de navires et de marchands qui y font un commerce très fructueux. Le grand Khan n'a jamais pu la conquérir, car elle est trop éloignée et une expédition entraînerait trop de frais.

Non loin de cette île s'en trouve une autre qu'on appelle Java la mineure (1), elle a cependant 2.000 milles de tour. Elle est située tellement au Sud que l'étoile polaire n'y est pas visible. Elle est divisée en huit royaumes tous indépendants. L'un d'eux s'appelle le royaume de Ferlec. Les Sarrasins y fréquentent régulièrement et ont converti les indigènes à la foi de Mahomet, les habitants de la ville seulement, car ceux des montagnes vivent comme des bêtes, ils mangent la chair humaine et ils adorent le premier objet qu'ils ont aperçu le matin.

(1) Sumatra.

Le royaume de Basman touche au royaume de Fellec. Les habitants vivent aussi comme des bêtes, sans aucune règle. Ils se réclament du grand Khan, mais se dispensent de lui payer tribut à cause de l'éloignement. On trouve dans leur pays des éléphants et des rhinocéros. Ceux-ci sont des animaux qui sont presque aussi grands que les éléphants. Ils ont le poil semblable à celui du buffle et les pattes comme celles de l'éléphant. Ils ont sur le front une corne blanche et très grosse. Ce n'est pas avec elle qu'ils frappent, mais avec leur langue qui est munie de dards longs et forts : ils ont toujours la tête tournée vers le sol. Ils se tiennent entre les lacs et les plantations. C'est une bête d'aspect horrible.

Dans le royaume de Basman, on trouve des vautours noirs comme corbeaux et excellents pour la chasse. On y trouve aussi une grande quantité de singes, d'espèces diverses. Les marchands qui en Europe vendent de soi-disant hommes nains qu'ils prétendent venir des Indes content des mensonges. Ce sont des singes de petite taille qui vivent dans cette île. Ils ont le visage semblable à celui d'un homme. On les prend, on les tue, on les épile sauf au menton, puis, après les avoir laissé sécher, on les empaille de façon à leur donner l'aspect humain. Mais il est faux que dans l'Inde ou dans aucune contrée sauvage existe une telle race d'hommes.

Après le royaume de Basman, on trouve celui de Samara. Messire Marco Polo y séjourna cinq mois, retenu par le mauvais temps. Ni l'étoile polaire ni la grande Ourse n'y sont visibles. Pendant leur séjour, Marco Polo et ses compagnons se retranchaient dans des abris en bois pour échapper aux attaques des cannibales.

Les habitants n'ont pas de blé et se nourrissent de riz. En guise de vin, ils usent d'un breuvage qu'ils se procurent de la façon que je vais dire. Il croît dans leur île une espèce de palmier de petite taille. Ils en coupent une branche, puis mettent un grand vase au dessous de l'entaille, le vase se remplit en un jour et une nuit. Ce vin est excellent à boire, il y en a de blanc et de rouge.

Quand on quitte le royaume de Samara, on entre dans celui d'Anguinan. Les indigènes sont idolâtres. Ils ont une coutume très mauvaise.

Lorsque l'un d'entre eux tombe malade, ils font venir les enchanteurs et les consultent sur ce qui doit advenir du patient. Si les enchanteurs disent qu'il doit guérir, on attend la guérison. Mais s'ils répondent qu'il mourra, on fait venir des hommes chargés de cet office qui l'étouffent en lui couvrant de vêtements le visage. Quand il est mort, on fait cuire son corps et tous ses parents le mangent. Ils sucent soigneusement les os pour n'y point laisser trace de moelle, car, disent-ils, s'il restait une parcelle de moelle, elle engendrerait des vers qui périraient bientôt faute de nourriture. L'âme du mort serait responsable. Pour éviter cet inconvénient, ils mangent tout. Ils recueillent ensuite les os dans des coffres qu'ils placent hors de l'atteinte des bêtes. S'ils s'emparent d'un étranger qui ne puisse leur payer rançon, ils le tuent et le mangent.

Dans le royaume de Lambry abonde le bois de brésil. Messire Marco Polo en apporta des graines à Venise. Il les fit semer, mais elles ne germèrent pas, sans doute à cause du climat qui est trop froid.

Auprès du royaume de Lambry est celui de Fansur (1) dont les habitants se réclament du grand Khan. On y trouve le meilleur camphre du monde qu'on appelle le camphre de Fansur. Il est si fin qu'il se vend au poids de l'or. La contrée ne produit pas de blé ; les indigènes se nourrissent de riz, de lait et de viande. Ils boivent du vin de palmier. Chez eux, on trouve une espèce d'arbre très curieuse, qui fournit de la farine bonne à manger (2) ; Ce sont des arbres très grands et très gros, l'écorce en est très fine et l'intérieur contient de la farine en abondance. Messire Marco Polo a souvent raconté comment lui-même vit ses compagnons recueillir et pétrir cette farine, comment ils en fabriquèrent un pain qu'il trouva excellent.

Des deux autres royaumes de l'île, je ne vous dirai rien, Messire Marco Polo n'y étant pas allé.

(1) Fansour, dans l'île de Sumatra, est mentionnée dans les relations arabes.
(2) C'est le sagou ou arbre à pain.

CHAPITRE L

L'Ile de Ceylan

L'Ile de Ceylan a actuellement 2.400 milles d'étendue. D'après les récits des marins, elle en avait trois mille autrefois, mais les vents du nord-est, qui y soufflent avec violence, en ont submergé une partie. Là où ils soufflent, la côte est très basse. Elle n'apparaît pas de loin et les navigateurs ne la découvrent qu'au moment de l'atteindre. Le roi de l'île s'appelle Sandemain (1). Il est indépendant. Ses sujets sont idolâtres. Ils n'ont pas de blé, ils se nourrissent de riz, de lait et de viande, ils boivent du vin de palmier.

Dans cette île on trouve le rubis que ne produit aucune autre contrée. On y trouve aussi des saphirs, des topazes et des améthystes, ainsi que beaucoup d'autres pierres précieuses. Le roi possède un rubis qui est le plus beau et le plus gros qui existe au monde. Il a une paume de longueur, il est gros comme le bras d'un homme. L'éclat en est incomparable, il est aussi brillant que le feu et n'a pas une tache. A peine en pourrait-on estimer la valeur. Le grand Khan envoya au roi des ambassadeurs pour le prier de lui vendre

(1) Probablement *soudhamma* « de grande vertu », appellation donnée au roi Sargwadjnya qui régnait à Ceylan, au temps de Marco Polo.

ce rubis. Il offrait d'en payer le prix d'une ville ou quelque prix qu'en demanderait le roi. Mais celui-ci répondit que pour rien au monde il ne consentirait à se défaire d'une pierre qui lui venait de ses ancêtres.

CHAPITRE LI

LA LÉGENDE DU BOUDDHA

Il existe à Ceylan une montagne très élevée (1).

La pente en est si raide qu'on ne peut la gravir qu'en s'aidant de chaînes de fer disposées à cet effet. On dit qu'au sommet de cette montagne est le tombeau d'Adam, notre premier père ; c'est du moins ce que prétendent les musulmans. Les idolâtres affirment que c'est le tombeau de celui qui le premier adora les idoles. Ils l'appellent Sagamoni borcam (2). Ils disent qu'il dépasse tous les autres hommes en vertu et ils le tiennent pour saint. Voici comment ils racontent son histoire.

Il était fils d'un roi puissant et riche. Dès son enfance, il menait une vie austère, refusait de se mêler aux plaisirs du monde et ne voulait point devenir roi.

Comme, en dépit de toutes les remontrances, il persistait dans ces dispositions, son père en conçut un vif chagrin et essaya de le séduire par toutes sortes de promesses, mais la volonté du prince ne fléchit pas. La douleur du roi était immense, car il n'avait point d'autre fils qui pût lui succéder. Alors il fit construire un palais superbe et y logea le prince au milieu des

(1) Le pic d'Adam a 5.400 mètres d'altitude.
(2) C'est-à-dire le Dieu Sakyamonni. Il s'agit de Boudha.

danses et des concerts, espérant ainsi lui faire prendre goût aux plaisirs du monde. Mais tous ces efforts restaient inutiles.

Le jeune homme n'était jamais sorti du palais, jamais il n'avait vu ni mort ni malade, car le roi avait prescrit qu'on écartât de sa vue tous ces spectacles. Un jour, étant, par extraordinaire, sorti à cheval, il rencontra un cadavre que l'on portait en terre. Sa surprise fut extrême. Il s'informa auprès de ceux qui l'accompagnaient :

— Qu'est-ce donc ? dit-il.

— C'est un homme qui est mort, lui répondit-on.

— Comment ? les homme meurent donc ?

— Oui, ils meurent tous.

Le prince ne dit rien, mais continua tout pensif à chevaucher. Plus loin il rencontra un vieillard qui se traînait avec peine et n'avait plus de dents.

— Qu'a donc cet homme ? demanda le prince. Pourquoi ne peut-il plus marcher ?

— C'est l'âge qui l'accable et qui a fait tomber ses dents.

Le prince alors retourna à son palais, livré à ses réflexions.

— Je ne veux plus, se disait-il, rester dans ce monde qui est mauvais, je veux aller chercher celui qui l'a fait et qui ne meurt point, car je vois bien qu'ici-bas tous les hommes, jeunes ou vieux, doivent mourir.

Une nuit donc, il sortit furtivement du palais et s'en alla, loin des routes, dans les hautes montagnes.

Là, il mena l'existence la plus vertueuse et la plus rude, s'adonnant à des pratiques aussi austères que s'il eût été chrétien. Certes, s'il l'eût été, la pureté de sa vie eût fait de lui un grand saint en Notre Seigneur Jésus-Christ.

Après sa mort, on trouva son cadavre et on le rapporta au roi. Quand celui-ci vit mort le fils qu'il aimait mieux que lui-même, sa douleur fut si grande qu'il faillit en perdre la vie. Il fit faire à la ressemblance du défunt une statue d'or et de pierres précieuses et la fit adorer par ses sujets. Tous disaient que le prince était au nombre des dieux et on le dit encore aujourd'hui.

Selon la légende, il mourut quatre-vingt-quatre fois. La première fois, il mourut homme, puis il ressuscita et devint bœuf. Le bœuf mourut et devint cheval. Ainsi passa-t-il chaque fois dans une espèce d'animal différente. La dernière fois, il mourut et devient Dieu, le plus grand des dieux, croit-on.

Telle est l'histoire de la première idole qui ait été faite et toutes les idoles proviennent de là. Ceci se passa dans l'île de Ceylan.

Là se rendent de très loin en pèlerinage les Musulmans qui disent qu'en ce lieu vécut Adam. Les idolâtres aussi y viennent avec autant de dévotion que les chrétiens vont à Saint-Jacques de Compostelle. Ils montrent encore sur la montagne les cheveux, les dents et l'écuelle de celui qui y vécut et qu'ils appellent Sergamon, le Saint. Ce qui s'est passé véritablement, Dieu seul le sait. En tout cas, selon les saintes Ecritures, ce n'est pas dans cette partie du monde que se trouve le tombeau d'Adam.

Le grand Khan, ayant eu connaissance de cette légende, voulut à tout prix posséder les cheveux, les dents et l'écuelle d'Adam. Vers l'an 1284 du Christ, il envoya une grande ambassade qui, après avoir longtemps voyagé par terre et par mer, atteignit Ceylan. Les ambassadeurs allèrent trouver le roi et firent tant qu'il leur remit deux dents maxillaires d'Adam, plusieurs de ses cheveux et son écuelle en beau porphyre vert. Tout joyeux, les messagers s'en retournèrent vers leur maître. Quand ils approchèrent de Cambaluc, ils firent prévenir le grand Khan, qui envoya un nombreux cortège au devant des reliques. Lui-même les reçut solennellement. Une légende voulait que l'écuelle possédât une vertu magique : si l'on y mettait des aliments pour un homme, ils se multipliaient au point de suffire à cinq hommes. Le grand Khan en fit faire l'épreuve et le fait fut reconnu exact.

CHAPITRE LII

LES PERLES DE MAABAR

La province de Maabar (1), qui est appelée l'Inde mineure, est gouvernée par cinq rois qui sont frères et indépendants. Celui qui règne dans la capitale s'appelle Sonder bandi davar (2). On trouve dans son royaume de très belles perles et voici la manière dont on se les procure.

L'île de Ceylan est séparée de la terre ferme par un détroit qui n'a que dix à douze pas de profondeur, parfois deux pas seulement. Les marchands de perles vont avec leurs navires dans ce détroit depuis le commencement d'avril jusqu'au milieu de mai. Ils jettent l'ancre en mer à soixante milles d'un endroit appelé Betelar. Ils passent alors de leurs grands navires dans des barques à fond plat. Plusieurs marchands s'associent et engagent des pêcheurs qu'ils paient d'avril jusqu'à la mi-mai. Ils versent au roi la dixième partie de leur butin. Ils en donnent, en outre, un vingtième à des enchanteurs afin que, par leurs sortilèges, ceux-ci empêchent de grands poissons de dévorer les hommes qui plongent pour trouver les perles. On appelle les enchanteurs *abrivaman* (3), l'effet de leurs enchantements

(1) Côte de Coromandel.
(2) Sans doute le roi Sundara.
(3) Brahmanes.

ne dure qu'un jour. Leur puissance s'exerce sur les bêtes, les oiseaux et tous les êtres vivants. Les pêcheurs s'élancent des barques et plongent jusqu'au fond de l'eau, à dix ou douze pas de profondeur ; ils y restent aussi longtemps que cela leur est possible. Là se trouvent des coquillages semblables aux huîtres et qui contiennent les perles. Celles-ci, grosses et menues, sont enfoncées dans la chair des coquillages. C'est ainsi qu'on pêche les perles en très grande quantité, car toutes celles qui circulent dans le monde viennent de là.

CHAPITRE LIII

Coutumes et superstitions

A Maabar, les indigènes ont pour tout vêtement un lambeau d'étoffe. Le roi n'est pas plus vêtu que ses sujets ; mais il porte un collier de rubis, de saphirs, d'émeraudes et d'autres pierres précieuses. Sur sa poitrine pend un chapelet de cent quatre grosses perles attachées à un mince fil de soie. Chaque jour, en effet, il doit réciter cent quatre prières à ses dieux. Il a, en outre, aux bras, aux jambes et aux pieds des bracelets d'or enrichis de perles et de pierres précieuses. Il porte ainsi sur sa personne la valeur d'une ville entière et ce n'est pas étonnant, puisqu'il tire toutes ces richesses de son royaume.

Quand le roi meurt, on fait brûler son corps. Ses fidèles se jettent dans le bûcher, où ils sont consumés avec lui. Ils disent qu'ayant été ses compagnons ici-bas, ils doivent le suivre dans l'autre monde. Aucun des enfants du roi défunt ne touche au trésor qu'il laisse. « Notre père, disent-ils, a amassé un trésor ; il nous faut, nous aussi, en amasser un. » Aussi existe-t-il dans le royaume beaucoup de trésors.

Dans cette contrée, quand un criminel est condamné à mort, il déclare souvent qu'il veut se tuer en l'honneur d'une divinité. Le juge y consent. Alors les parents et les amis du condamné le placent sur un char, lui mettent en main douze poignards et le promènent par la ville en criant : « Ce héros veut se sacrifier en l'honneur de tel dieu. » Arrivé au lieu du supplice, l'homme saisit un poignard et s'en traverse le bras : « Je me tue, s'écrie-t-il, pour l'amour de tel dieu. » Il prend ensuite un second poignard et se transperce l'autre bras, puis un troisième, qu'il s'enfonce dans la poitrine. Il fait tant qu'il expire. Alors les parents prennent le corps et le brûlent en grande cérémonie avec des démonstrations de joie.

Beaucoup de femmes, si leur mari vient à mourir, se précipitent dans son bûcher. Et leur conduite est louée par tout le monde.

De nombreux habitants adorent le bœuf ; ils disent que c'est un excellent animal et pour rien au monde ne voudraient ni en tuer un ni manger de sa chair. Il y a une espèce d'hommes que l'on appelle *Govy* ; ils refusent, eux aussi, de tuer un bœuf, mais si un de ces animaux périt, ils en consomment la chair.

Le roi, ses courtisans et tous ses sujets, grands et petits, ne s'assoient que sur la terre nue. Il est très honorable, expliquent-ils, de s'asseoir sur la terre, puisque nous en sommes tous sortis et que nous devons tous y retourner. Ainsi ne saurait-on trop la respecter et nul n'a le droit d'en faire mépris.

Les indigènes vont au combat sans lance ni bouclier. Ce sont de très mauvais soldats. Ils ne tuent ni bête, ni oiseau, ni aucun être vivant ; les animaux dont ils consomment la chair, ils les font tuer par les Musulmans. Ils procèdent à des ablutions complètes deux fois par jour. Ils s'abstiennent de vin.

Dans leur pays, la chaleur est prodigieuse. Il ne tombe de pluie que pendant trois mois, juin, juillet et août. Sans ces pluies qui rafraîchissent l'air et humectent la terre, la sécheresse serait si grande que personne ne pourrait vivre.

CHAPITRE LIV

LA MORT ET LES MIRACLES DE SAINT THOMAS

C'est dans une petite ville de ce pays de Maabar que se trouve le corps de saint Thomas. L'endroit est loin des routes et peu fréquenté des marchands ; mais chrétiens et musulmans s'y rendent en pèlerinage car les musulmans aussi vénèrent saint Thomas qu'ils regardent comme un grand prophète. Ils l'appellent *avarian* (1), c'est-à-dire saint homme. Les pèlerins chrétiens recueillent des parcelles de la terre où mourut le saint. Si un malade est atteint de fièvre quarte et qu'on lui faisse boire de l'eau contenant quelqu'une de ces parcelles, il guérit par la vertu de Dieu et de saint Thomas.

En l'an 1288 du Christ eut lieu un grand miracle. Un prince de la contrée avait du riz en grande quantité, il le fit mettre dans les maisons qui entourent l'église. Les chrétiens se désolaient ne sachant où loger les pèlerins. Ils supplièrent le prince de retirer son riz, mais il ne les écouta pas. Alors, une nuit, le saint lui apparut, tenant en main un bâton qu'il lui mit sous le nez : « Ou tu feras, lui dit-il, vider les

(1) En langue arabe, apôtre.

maisons pour héberger mes pèlerins, ou tu mourras de male mort. »

Dès le lendemain matin, le prince fit retirer son riz et il racontait son songe à tout le monde. Les chrétiens en eurent une grande joie et rendirent grâces à Dieu et au bienheureux. En ce lieu se produisent fréquemment des guérisons miraculeuses, le plus souvent en faveur de chrétiens.

Voici comment les moines chargés d'entretenir l'église racontent la mort du saint. Il était, disent-ils, en oraison dans un ermitage du bois. De nombreux paons l'entouraient, car ils foisonnent dans le pays. Un de ces *gavi* dont j'ai parlé plus haut était à la chasse. Il lança une flèche contre un des paons, mais la flèche atteignit au côté droit le saint qui en mourut.

CHAPITRE LV

LES DIAMANTS DE MUTFILI

A mille milles au nord de Maabar, dans le royaume de Mutfili (1), on trouve des diamants. Voici comment on se les procure.

Le pays est couvert de très hautes montagnes ; en hiver, il y a de grandes pluies et l'eau se précipite des sommets en torrents. Quand les pluies ont cessé et que l'eau s'est écoulée, on cherche dans le lit desséché des ruisseaux et on trouve des diamants en quantité. Pendant l'été, le soleil est si ardent et la chaleur si grande que l'escalade de ces montagnes où l'eau fait entièrement défaut est très pénible. En outre, la contrée est pleine d'énormes serpents et de bêtes malfaisantes. Les hommes qui s'y risquent trouvent des diamants, mais au prix de grands périls. Souvent ils sont dévorés par les bêtes.

Dans ces montagnes existent des vallées si profondes qu'il est impossible d'y descendre. Les chercheurs de diamants prennent des lambeaux de viande qu'ils jettent au fond de ces vallées. Elles sont peuplées d'aigles blancs qui dévorent les serpents qu'ils peuvent attraper. Dès qu'ils aperçoivent cette viande,

(1) C'est le royaume de Golconde, dont la capitale est Masulipatam, sur le golfe du Bengale.

ils s'en emparent et la transportent dans leurs serres
sur un rocher pour pouvoir la manger à leur aise. Les
hommes qui se tiennent aux aguets accourent et chas-
sent les aigles. Ils ramassent alors la viande et la
trouvent pleine de diamants qui s'y sont attachés,
tant ces vallées en sont pleines. Mais celui qui y des-
cendrait serait dévoré par les serpents qui y foisonnent.

Les chasseurs de diamants recourent encore à un
autre procédé pour s'en procurer. Ils en ramassent
mêlés aux excréments dans les nids des aigles blancs
qui les ont avalés avec la viande. Quand ils tuent quelqu'un de ces oiseaux, ils trouvent encore des diamants
dans son estomac (1). Par tous ces moyens, ils arrivent
à posséder une quantité d'énormes diamants. Ceux que
nous voyons dans nos pays ne sont que le rebut. Car
les diamants de choix, les grosses pierres, les grosses
perles sont tous portés au grand Khan ou aux princes
de ces contrées. Dans le monde entier, il n'y a que le
royaume de Mutfily où l'on trouve des diamants.

(1) Ici, comme en mainte circonstance où Marco Polo ne parle pas de
ce qu'il a vu lui-même, ses récits se rencontrent avec les contes de
Mille et une Nuits. Ce chapitre semble détaché des aventures de
Sinbad le Marin.

CHAPITRE LVI

LES BRAHMANES

Dans la province de Lar (1) vivent les Abramains (2).
Ce sont les plus honnêtes commerçants du monde et
les plus véridiques, jamais ils ne mentent. Ils ne mangent pas de viande, ne boivent pas de vin et mènent
une vie très droite. Leur loi leur interdit de causer
le moindre tort à qui que ce soit. Pour se reconnaître,
ils portent un fil de coton sur la poitrine et sur les
épaules. Ils sont idolâtres et très attentifs aux augures
et aux sorts. Ils ont dans la semaine un jour fatidique.
Ce jour-là, en s'habillant au matin, ils regardent leur
ombre dans le soleil ; si elle est aussi grande qu'eux-
mêmes, ils vont à leurs affaires, mais, si elle est plus
courte, ils s'abstiennent de tout marché. Quand ils
sont sur le point de conclure une affaire chez eux,
il arrive qu'une araignée marche sur le mur, car ces
animaux sont très nombreux dans le pays. Si l'araignée vient du bon côté, ils concluent l'affaire aussitôt ;
mais si elle vient du mauvais côté, rien ne les déciderait
à traiter. Entendent-ils dehors quelqu'un éternuer,
s'ils jugent le présage bon, ils poursuivent leur chemin ; mais s'ils le jugent mauvais, ils s'assoient par

(1) Le royaume du Balhara dans l'Inde.
(2) Les brahmanes.

terre en quelqu'endroit qu'ils se trouvent. Quand ils rencontrent une hirondelle, si elle vole du bon côté, ils continuent ; si non, ils s'en retournent. Ainsi leur crédulité est sans égale. Ils ne consentent pas non plus à se laisser soigner.

Il existe une autre secte d'hommes appelés Caygui (1) qui descendent de ces Abramains. Ils pratiquent la même religion et adorent les mêmes dieux. Ils vivent jusqu'à cent cinquante ou deux cents ans. Ils mangent très peu, mais des viandes choisies et surtout du riz et du lait. Ils boivent en outre une boisson singulière faite de soufre et de vif argent qui, disent-ils, prolonge leur vie. Ils en boivent deux fois par mois depuis leur enfance.

Quelques membres de cette secte mènent une vie très austère. Ils ont sur le front un petit bœuf d'airain, de laiton ou d'or. Ils prennent des ossements de bœuf, les font calciner et en tirent une poudre dont ils s'enduisent tout le corps. Ils ne se servent ni de plats ni d'écuelles. Ils placent leurs aliments sur de larges feuilles d'arbre ; ils les choisissent sèches, car ils disent que les feuilles vertes ont une âme et que ce serait pécher. Or ils mourraient plutôt que de commettre une action qui soit un péché selon leur loi.

Ils ne tuent aucun animal, ni puce, ni mouche, ni rien de vivant. « Ce serait pécher, disent-ils, car tous les êtres vivants ont une âme. » Ils attendent même que les végétaux aient séché pour s'en nourrir. Ils dorment

(1) Sans doute des Yoguis.

nus sur la terre nue. C'est un prodige qu'ils ne meurent pas. Ils jeûnent tous les jours de l'année et ne boivent que de l'eau.

CHAPITRE LVII

Le royaume de Coilun

Le royaume de Coilun (1) produit du gingembre, du poivre et de l'indigo. Le soleil y est si chaud qu'à peine on peut le supporter. Un œuf qu'on mettrait dans l'eau au soleil serait bientôt cuit. Les marchands du Manzi, du Levant et de l'Arabie viennent dans ces contrées avec leurs navires et y font un commerce très lucratif. On y trouve toutes sortes d'animaux, des lions noirs, des perroquets aux couleurs variées, des blancs, des rouges, des bleus, des verts. Il y en a une petite espèce qui est très belle. Les paons y sont plus gros qu'en Europe, les poules y diffèrent aussi des nôtres, elles sont plus belles et de taille plus forte. On y trouve des fruits étranges. Les habitants fabriquent un vin de sucre qui enivre aisément. Ils ont en abondance tout ce qui se mange. Ils sont noirs et ont des médecins et des astrologues.

(1) Colum, sur la côte de Malabar.

CHAPITRE LVIII

LES PIRATES

Avec le royaume d'Ely (1), nous entrons dans des contrées plus fréquentées. Les habitants sont idolâtres et leur roi est indépendant. Dans ce pays, il n'y a point de ports, mais des fleuves vastes et profonds offrent des abris. Lorsque quelque navire y entre, les indigènes accourent et s'enquièrent du but du voyage. Si le navire se dirige ailleurs, ils s'en emparent :

« Ce sont, disent-ils aux navigateurs, nos dieux qui vous ont envoyés vers nous, il est juste que ce qui est à vous soit notre butin. »

Mais si le navire est destiné à leur contrée, ils font bon accueil à l'équipage. Cet usage est répandu dans toutes les Indes. Quand un navire est détourné de son chemin par la tempête, il est pillé là où il se réfugie.

Le royaume de Melibar est indépendant et peuplé d'idolâtres. On y voit l'étoile polaire à deux coudées au-dessus de l'horizon. Chaque année, plus de cent navires de corsaires en sortent. Ils passent tout l'été au large. Ils forment des escadres de vingt à trente navires, séparés chacun par un intervalle de cinq ou

(1) Aux environs de Mahé.

six milles. Ils couvrent de la sorte une vaste étendue de mer et tous les navires marchands qui passent, ils s'en emparent. Sur le rivage, dès qu'une voile est signalée en mer, ils allument des feux pour lui faire signe d'aborder. Ils rançonnent les marchands puis ils leur disent :

— Allez gagner d'autre argent, nous en profiterons encore un jour ou l'autre.

Mais les marchands se tiennent sur leurs gardes; ils arment de grands navires qui ne craignent pas les pirates, sauf accident.

Dans l'île de Scoira (1), les habitants sont tous chrétiens baptisés et soumis à un archevêque. Celui-ci ne dépend pas du pape, mais du patriarche qui habite Bagdad. Dans l'île viennent des corsaires, qui y tiennent marché de ce qu'ils ont pillé. Les chrétiens n'hésitent pas à acheter leur butin, sachant bien qu'il a été ravi à des musulmans ou à des idolâtres. On trouve dans ce pays les plus puissants enchanteurs qui soient au monde. L'archevêque interdit bien aux fidèles de pratiquer l'art magique, mais ils lui répondent qu'ils ne font qu'imiter leurs ancêtres. Telle est la vertu de leurs sortilèges que, si un navire est poussé par un bon vent, ils rendent le vent contraire et forcent le navire à rebrousser chemin. Ils soulèvent à leur gré des tempêtes et accomplissent des prodiges encore plus étonnants sur lesquels il vaut mieux se taire.

(1) Sohotrah.

CHAPITRE LIX

L'Ile de Madagascar

A mille milles au sud de Scoira est l'île de Madagascar. Les habitants pratiquent le culte de Mahomet.
L'île est belle et est parmi les plus vastes qui soient,
car elle a quatre mille milles de périmètre. Les éléphants y sont plus nombreux qu'en toute autre région. On en trouve aussi dans une île voisine appelée
Zanquibar .Il se fait dans ces deux îles un grand commerce d'ivoire. Les habitants de Madagascar ne mangent pas de viande, sinon celle des chameaux. Ils en
tuent chaque jour un si grand nombre qu'on ne le
croirait pas sans l'avoir vu. Ils disent qu'aucune
viande n'a meilleur goût et n'est plus saine. Les arbres
de santal croissent en quantité dans l'île. On y trouve
de l'ambre parce que la mer abonde en baleines et en
cachalots. énormes poissons semblables aux baleines (1). Les forêts sont pleines de léopards, d'ours, de
lions et d'autres bêtes féroces. Aussi des marchands
fréquentent l'île et s'y livrent à un commerce fructueux.

Madagascar est avec Zanquibar, la dernière île du
Sud où les navires peuvent atteindre. Le courant qui

(1) L'ambre gris provient, en effet, de certains cachalots et paraît
être une concrétion formée dans leur estomac ou leurs intestins.

se dirige vers le Sud est si fort et si constant qu'il leur serait impossible de revenir. Pour aller de Maabar, à Madagascar et à Zanquibar, les navires, malgré la grande distance, ne mettent que vingt jours ; mais, pour retourner, il leur faut trois mois, car ils ont à lutter contre la violence du courant.

Dans les autres îles qui se trouvent plus au midi et où les marchands ne vont jamais par crainte de n'en pouvoir revenir, on dit qu'à certaines saisons de l'année se montrent les oiseaux Grif (1). Ils ne sont point faits comme nous le disons. Des marins qui sont allés là-bas et les ont vus ont raconté à messire Marco Polo qu'ils ressemblent à l'aigle, mais sont plus grands et d'envergure plus large. Leurs ailes couvrent trente pas et leurs plumes sont longues de dix pas. Ils sont assez forts pour saisir un éléphant entre leurs serres et l'enlever à une grande hauteur, ils le laissent alors retomber et quand il est mort, ils se repaissent de sa chair. Les indigènes les appellent *nuc* (2). Je ne sais si ce sont les oiseaux que nous connaissons sous le nom de griffons. En tout cas, ils ne sont point moitié aigle, moitié lion.

Le grand Khan envoya dans ces régions pour s'informer de ces merveilles et aussi pour délivrer un de ses messagers qui y avait été retenu. Les hommes à qui il confia cette mission délivrèrent le captif et firent au grand Khan les étonnants récits que j'ai reproduits. Ils rapportèrent aussi deux défenses de sanglier qui

(1) Les griffons.
(2) C'est l'oiseau roch des *Mille et une Nuits.*

pesaient chacune plus de quatorze livres : on juge de l'énormité de la bête qui les possédait. Les envoyés racontèrent que là-bas vivaient des sangliers grands comme de gros buffles, des girafes, des ânes sauvages et quantité d'animaux inconnus.

CHAPITRE LX

La côte orientale d'Afrique

L'île de Zanquibar (1) s'étend sur deux mille milles. Les habitants en sont indépendants et adorent les idoles. Ils sont grands et gros. Ce sont de véritables géants, chacun d'eux porte la charge de quatre hommes ordinaires et mange comme cinq. Ils sont tout noirs et vont nus. Ils ont les cheveux crêpus et noirs, le nez épaté, la bouche large, les lèvres grosses, les yeux grands et rouges ; ils sont semblables à des démons. Leurs femmes sont les plus laides du monde. Dans leur pays on trouve une quantité prodigieuse d'éléphants, des lions noirs différents de ceux que nous connaissons, des ours, des léopards, des moutons blancs avec une tête noire et des girafes en grand nombre. Ces peuples se nourrissent de riz, de viande, de lait et de dattes. Ils fabriquent un vin de dattes, de riz, de sucre et d'épices. Dans leur pays se fait un trafic considérable. Des marchands y viennent avec de grands navires. Le commerce principal est celui des dents d'éléphants et de l'ambre. Les hommes sont vaillants à la guerre et ne craignent pas la mort. Ils n'ont pas de chevaux, mais combattent, montés sur des chameaux et des

(1) Il s'agit de Zanguebar, que Marco Polo prend pour une île.

éléphants. Ils sont armés de boucliers de cuir, de lances
et d'épées. Quand ils veulent mener leurs éléphants
au combat, ils leur font boire du vin. Les éléphants,
à moitié ivres, en deviennent plus ardents.

De l'Inde continentale et des îles indiennes, je ne
vous ai rapporté que les traits essentiels. Personne ne
pourrait décrire toutes ces îles. On en connaît 12.700,
et il en existe beaucoup d'autres dans les endroits où
l'on ne peut atteindre. Ces 12.700 îles sont toutes
habitées.

CHAPITRE LXI

LA PROVINCE D'ADEN

La province d'Aden est soumise à un sultan qui adore Mahomet et déteste les chrétiens. C'est là que les marchands de l'Inde arrivent avec leurs navires. Ils transportent leur marchandise sur des barques qui remontent le fleuve (1) pendant sept jours. Ensuite ils la placent à dos de chameaux et cheminent par terre pendant trente jours. Alors ils atteignent le fleuve d'Alexandrie (2) qu'ils descendent jusqu'à cette ville. C'est par Aden que les Sarrasins d'Egypte reçoivent épices et poivre. Aucune autre route n'est aussi bonne ni aussi sûre. Le sultan d'Aden perçoit de très fortes taxes sur les marchandises qui traversent son royaume, aussi est-il un des plus riches souverains du monde. Il envoya au sultan d'Egypte, quand celui-ci s'empara de Saint-Jean d'Acre, un secours de trente mille cavaliers et de quarante mille chameaux. Il fit cela plus par haine des chrétiens que par attachement au sultan d'Egypte, car les deux princes se détestent.

(1) La Mer Rouge que Marco Polo prend pour un fleuve.
(2) Le Nil.

TABLE DES MATIÈRES

Imp. E. Jolibois, S. A. R. L., Bar-le-Duc.